Rolf Friedrich Schuett

Wir denken nach – anderen.
Wir halten zusammen – aber was?

Farblosigkeit ist oft schwerer zu bekennen

FSC
www.fsc.org
MIX
Papier aus ver-
antwortungsvollen
Quellen
Paper from
responsible sources
FSC® C105338

Rolf Friedrich Schuett

Wir denken nach – anderen.
Wir halten zusammen – aber was?

Farblosigkeit ist oft schwerer zu bekennen

Books on Demand

Bibliographische Information Der Deutschen Bibliothek:
Die Deutsche Bibliothek verzeichnet diese Publikation
in der Deutschen Nationalbibliographie; detaillierte
bibliographische Daten sind im Internet abrufbar über
http://dnb.ddb.de

Herstellung und Verlag :
BoD – Books on Demand, Norderstedt

Printed in Germany

ISBN 978-3-8370-0101-3

INHALT

Für Elke
in Liebe und Dankbarkeit

Weltberühmtes Bauwerk zur Erbauung:
Höher als der Kölner Dom ohne Kondom?

Notre Dame war keine Tempelhure. *Machu Pichu der Inkas, Chichen Itza der Mayas, Abu Simbel, Stonehenge, Hagia Sophia, Angkor Vat, Alhambra, die Osterinsel* oder Grabtempelstadt *Petra* sind heilige Orte und Bauten. Auch die *Vulkane.* Von den "Sieben Weltwundern" der Antike stehen nur noch die *Pyramiden* von Gizeh, die geheiligten Grabstätten der Pharaonen mit ihrem exklusiven Unsterblichkeitsprivileg.

Der *Eiffelturm* ist ein vollerigierter Eisenphallus als Wahrzeichen der "Hauptstadt der Liebe", der schiefe Turm zu *Pisa* ein halberigierter Babelturm, das *Taj Mahal* ein feudales Liebesmausoleum, der *Louvre* ein Sammelplatz schönster Weltbilder, die den Teufel an die Wand malen, der *Dresdner Zwinger* eine herr(schaft)liche Festungszwingburg. *Neuschwanstein* das Zuckerbäckerwerk eines irren Gaylords, die *Freiheitsstatue* eher Menschheitsutopie als Rechtsgarantie, die *Chinesische Mauer* ein einziges Bollwerk von Staatsfeudalisten gegen arme Nomadenvölker, die *Akropolis* ein steinernes Demokratieversprechen, die *Klagemauer* ein Anklagewall gegen die Fürsten der Welt, das *Kolosseum* ein schändlicher Vergnügungstempel der Christenverfolgung etc. etc. Und die verbindlichsten Europabrücken wurden von *Ponti-fexen* errichtet ...

Die Kinder Gottes bauten überall und zu jeder Zeit hohe Dome zu Seinem höheren Ruhme : War das infantil oder vielleicht erwachsener und größer als alles, was ewige Kindsköpfe heute an Babeltürmen in den leeren Himmel rammen?

Der himmelhohe **Kölner Dom** ist ein auch vor allem bei Ungläubigen „hochberühmtes Gebäude", also ein von Gotteskindern konstruiertes und standortgebundenes „Bauwerk, das Räume einschließt, betreten werden kann und zum Schutz von Menschen, Tieren oder Sachen dient", ein Dach mit häufigem Dachschaden hat und sich über dem Erdboden der Tatsachen und Untatsachen nennenswert erhebt: Ein auch ästhetisch ansprechender Versammlungsort zum gemeinsamen Beten, Feiern und Gedenken. Und der Himmel ist der Kopf über jedem Dach überm Kopf. Diese riesige Kirche soll einer der vielen zugleich privaten und öffentlichen Wohnorte des lieben Gottes sein, aber wie weit ist und war das nur Wunschdenken seiner Erbauer und Benutzer?

„Bauen, Wohnen, Denken" *(M. Heidegger)* oder nur Mieten, Hausen, Pennen?

Der Kölner Dom aus dem 13. Jahrhundert ist ein römisch-katholischer Kirchenbau, geweiht dem schwachgewordenen Felsen-*Apostel Petrus* (jener, der in Not seinen HErrn verleugnet hatte und vielleicht gerade deshalb zu dessen Nachfolger gewählt wurde.) Er ist die offizielle Kathedrale des Erzbistums Köln, mit gut 157 Metern eine der höchsten hochgotischen Kathedralen der Welt mit seinem mahnenden Zeige- statt geilen Zeugefinger in den Himmel. (Das Gewölbe allerdings ist „nur" etwa 44 Meter, der Elfenbeinturm der Frommen also etwa 113 Meter hoch) Wird ins UNESCO-Weltkulturerbe oft nur aufgenommen, was schon tot ist? Eine steinerne Startrampe für kollektive Himmelfahrten ist er nie gewesen.

Der Dom, eine aufragende und hervorragende Kirche, ist noch immer ein beliebter und vielgeknipster Wallfahrtsort unbeirrter Restchristen und ungläubiger Religionstouristen, die ästhetische Andacht mimen. Die zunehmend Unkundigen werden zu Besichtigungskunden bewirtschafteter Kirchen.

Dieser gotische Dom steht angeblich auf römischen Wohnhäusern des 1. Jahrhunderts und sollte einen kleineren alten Dom ersetzen. Gedacht war er als Aufbewahrungsort von Reliquien der *Heiligen Drei Könige*, die erst in Mailand lagen. Werden Kirchen geadelt oder verschandelt durch Aufnahme von Fürstengräbern? Gedacht war er nach dem Willen machtbewusster Erzbischöfe als alleiniger Krönungsort der Könige und sollte höher sein als die romanischen Kirchen ringsum. Das Gebäude wird langsam aber sicher vom Triumphbogen zu einer Grabstätte der Kirche des Landes, und kein Klingelbeutel kann das mehr aufhalten, denn Europa ist seit langem so gut wie christentumfrei. Der Dom selbst ist oft voll, ja, überfüllt -- von innerer Leere.

Berühmter und gerühmter bei manchem (wie diesem Autor) ist ein ganz anderer und viel höherer Dom. Er besteht aus Fleisch und Blut, also aus zwei noch unversteinerten, zum Beten zusammengelegten Händen und reicht zuweilen höher als jedes andere stolze Bauwerk der Erde. Er reicht vom Erdreich und jedem Weltreich vielleicht manchmal hoch bis ins Himmelreich selber.

Der Kölner Dom ist eine reiche Kirche der Reichen, nicht mehr die arme Kirche der Armen.

Ist er noch ein Zufluchtsort der Schmächtigen vor den Mächtigen dieser Welt?

Andere himmelstürmende bloße *Wolkenkratzer* und eitle Prunkbauten *ad maiorem gloriam Mammoni* ragen eher immer tiefer bis in die Hölle hinein, ob nun zum Wohnen, Lagern, Schlafen, Arbeiten, Glotzen oder Bilden ...

Im Übrigen wird Architektur immer hässlicher, von Bauwerk zu Bauwerk, das durch sein Errichten nur Schöneres vernichtet. Moderne Sakralbauten wirken wie von Atheisten entworfen – wie Freudenhäuser von Asketen. Das derzeit höchste Gebäude Deutschlands ist ein Bankgebäude, heißt es.
Nur Gutes ist groß, nur Großes ist kindisch.
Oder teuflisch.
Dann doch lieber Dom zu Köln, errichtet von Kindern Gottes, in "Glaube, Liebe und Hoffnung". Ich habe seinen weltlichen Reichtum nie gesehen noch besucht und rühme lieber den helleren Glanz meiner unscheinbar kleinen Kirche nebenan.

„In der Tat war die christliche Kirche von Anfang an, und vielleicht besonders am Anfang, nicht so sehr ein Fürstenreich wie eine Empörung gegen den Fürsten der Welt." „In dieser zu Grabe getrage-

nen Gottheit liegt der Gedanke einer Unterminie-
rung der Welt, eines Erschütterns der Türme und
Paläste von den Grundfesten her, wie ja auch Hero-
des, der große König, dieses unterirdische Beben
spürte, und wankte in seinem wankenden Palast."
  (**G. K. Chesterton** : „The everlasting man", 1929,
  dt. Berlin 1930, S. 242)
  „Jene, welche die Christen beschuldigten, Rom
mit Feuerbränden in Trümmer gelegt zu haben, waren Verleumder, aber sie erfassten wenigstens die
Natur des Christentums weit richtiger als jene unter
den Modernen, die uns erzählen, die Christen wären
eine ethische Gemeinde gewesen und langsam zu
Tode gemartert worden, weil sie den Menschen
erklärten, sie hätten eine Pflicht ihren Nächsten
gegenüber zu erfüllen, oder weil ihre Sanftmut und
Milde sie leicht verächtlich gemacht hätte."
  (a. a. O., S. 243)

Göttliche "Hinterwelt" schleicht sich leise
von hinten im Dunkeln heran wie ein Raubtier
auf Samtpfoten auf dem Catwalk.

Ägyptische Schmusekatzen symbolisierten
den Panthersprung des Heiligen
auf seine Todfeinde. Sie beißen und zerreißen.

Für Laien Sachbücher zur Religion

"Upanischaden"
Lao-tse : „Tao-te-king"
Meister *Eckhart* : Traktate und Predigten
Hegel : „Vorlesungen zur Philosophie der Religion"
Manfred *Lütz* : „Der Skandal der Skandale"
Wilh. *Schmidt-Biggemann* : „Gott, versuchsweise",
„Theodizee und Tatsachen"
Paul *Tillich* : „Religionsphilosophie"
Josef *Schmitz* : „Religionsphilosophie"
Willi *Oelmüller* : „Grundkurs Religionsphilosophie"
Norbert *Hoerster* (Hg.) : „Glaube und Vernunft"
Annemarie *Schimmel* : „Einführung in den Islam",
„Weisheit des Islam"
Hans *Schmoldt* : „Altes Testament. Einführung"
Salcia *Landmann* : „Jüdische Weisheit"
Hans Werner *Wüst* : „Der klassische jüdische Witz"
David *Flusser* : „Jesus"
Reclams Lexikon der Bibel-Zitate
G. K. *Chesterton* : „Orthodoxie", „Ketzer",
„Der stumme Ochse – Thomas von Aquin"
Wilhelm *Weischedel* : „Der Gott der Philosophen"
Heinz *Zarndt* : „Die Sache mit Gott"

Religiöse Literatur

Dante Alighieri : „Die göttliche Komödie"
John *Bunyan* : „Die Pilgerreise"
John *Milton* : „Das verlorene Paradies"
Calderon de la Barca : „Das große Welttheater"
Thomas von *Kempen* : „Nachfolge Christi"
Paul *Gerhardt* : „Geistliche Lieder"
Paul *Fleming* : Deutsche Gedichte"
Angelus *Silesius* : „Cherubinischer Wandersmann"
Friedrich von *Logau* : „Sinngedichte"
Andreas *Gryphius* : „Gedichte"
Salomon *Maimon* : „Lebensgeschichte"
Salomon *Geßner* : „Idyllen" (1756)
Hinrich *Brockes* : „Irdisches Vergnügen in Gott"
J. Eichendorff : „Aus dem Leben eines Taugenichts"
Eduard *Mörike*, Matthias *Claudius* : „Gedichte"
Adalbert *Stifter* : „Der Nachsommer"
Jeremias *Gotthelf* : (deutschsprachige) Erzählwerke
Heinrich *Seidel* : "Leberecht Hühnchen"
G. K. *Chesterton* : Pater-Brown-Krimis,
„Die Rückkehr des Don Quichote"
Julien *Green* : Tagebücher"
Erzählwerke von Isaac B. *Singer* und Samuel *Agnon*
Kurt *Marti* : „Im Sternzeichen des Esels"
Auswahl von Naturpoesie und romantischer Lyrik

Stehen auch Nichtwähler zur Wahl?

"Nicht wählen ist in den sozial schwachen Milieus am weitesten verbreitet."
Und warum sitzen in den Parlamenten wohl nicht mehr Putzfrauen und Fließbandarbeiter?

Wer Nichtwähler in der Demokratie auf demokratische Weise mobilisieren, stimulieren, ködern oder anregen möchte, doch noch zu einer anstehenden Bundestags-, Landtags- oder Kommunalwahl zu gehen und seine Stimme am Wahlurnengrab auf Nimmerwiedersehen abzugeben, hat vielleicht mehr Aussicht, wenn er erst einmal in Erfahrung bringt, warum und weshalb der Nichtwähler wahrscheinlich sein Wahlrecht nicht ausüben will, ob nun nur diesmal oder niemals. Ob Befragte dem Demoskopen ihre wahren Gründe immer verraten oder sich als entschlossene Nichtwähler (statt noch unentschlossene Wähler) überhaupt *outen* werden?

Nichtwähler, momentane oder prinzipielle Wahlskeptiker, ließe sich ja vermuten, gehen vielleicht aus einigen folgenden Motiven nicht oder nie zur Wahl:

1. Weil das, was ihnen wichtig scheint, bei keiner der sich anbietenden Parteien zur Disposition steht.

2. Weil Politik sie nicht interessiert. „Politik ist die Kunst, die die Leute daran hindert, sich um das zu kümmern, was sie angeht“, schrieb der kluge *Paul Valéry*.

3. Weil sie Monarchisten oder Anhänger anderer nichtdemokratischer Regierungsformen sind wie Totalitarismus, Despotismus, Tyrannis oder Theokratie etwa.

4. Weil nichts, das zur Wahl stehende Repräsentanten versprechen könnten, an ihrer desolaten Lage etwas ändern dürfte.

5. Weil sie glauben, dass die derzeit etablierte repräsentative Formaldemokratie hierzulande gar keine wirkliche Volksherrschaft erlaubt.

6. Weil alle Politiker vermeintlich sowieso nur in die eigenen Taschen wirtschaften.

Dieser kleine Essay wird sich beschränken auf die notorischen Nichtwähler der Punkte 1 und 4.

Es gibt pauschal "Politikverdrossene", Protestnichtwähler, Wahl- und Parteienskeptiker, Anarchisten, die jede Macht und Herrschaftsform ablehnen, oder plebiszitär orientierte „Basisdemokraten", die sich nicht von Abgeordneten vertreten lassen wollen. Etwa ein Fünftel bis ein Viertel der Bevölkerung hierzulande ging in den letzten Wahlperioden nicht in die Wahlkabine, sagt man. Und etwa konstant sieben Prozent der BRD-Bewohner üben ihr politisches Wahlrecht niemals aus, heißt es.

Müssen es Demokratiefeinde sein?

Nichtwählern wird oft und gern vorgehalten, dass ihre Enthaltung nur politischen Extremisten in die Hände spiele (und etwa eher den "Völkischen" als dem Volk helfe). Aber der provokante und regelmäßige Nichtwähler wählt gewöhnlich nicht nolens volens Antidemokraten an die Macht, denn vor allem große Volksparteien erreichen ja ihre prozentualen Wahlziele leichter durch weniger abgegebene absolute Stimmen.

Durch trickreiche Manipulation des allgemeinen Wahlverfahrens wird vermutlich nur ein schmales Sondersegment der Nichtwähler erreicht. Die meisten dürften grundsätzlichere Bedenken quälen, die durch Änderung der technischen Verfahrensfeinheiten nicht zu beseitigen wären. Und solche Änderungen an den Drehschrauben erzeugen an anderer Stelle zumeist wieder neue Nachteile oder Fallstricke.

Die wissenschaftliche Hirnforschung hat im Computertomographen ja ohnehin festgestellt, dass Menschen eigentlich gar keine Wahl- und Willensfreiheit haben, ob nun biologisch, genetisch oder milieu-ideologisch bedingt. Auch die Armen haben gar keine Wahl, außer zwischen "Prekariat" und Proletariat.

Nicht wenige habituelle Gewohnheitsnichtwähler misstrauen unserem undurchsichtigen „Verhältniswahlrecht", weil (oft unvorhersehbare) Parteienkoalitionen den Willen der einfachen Bevölkerungsmehrheit zu leicht verfälschen. Vielleicht würden manche Nichtwähler ein „relatives Mehrheitswahlrecht" wie in angelsächsischen Urdemokratien eher mit ihrem Wahlkreuz beehren?

Konzentrieren wir uns aber lieber auf die resignierten Nichtwähler, die genau wissen, dass sie nicht einmal Schlimmeres verhüten könnten. Und warum soll der demokratische Nichtwähler, der kein Wähler von Antidemokraten ist, eigentlich unbedingt zur Wahl gehen, wenn er aus Erfahrung genau weiß, dass sie seine soziale Lage nicht verbessern wird? Sehen wir zu, ob seine Gründe wirklich so schlecht und undurchdacht sind, wie ihm bevorzugt unterstellt wird.

Was auch immer in der "Klimapolitik" oder "Sozialpolitik", im "ökologischen Gesellschaftsumbau" und an den anderen zeitgeistig hochgespielten Brandherden getan werden wird, eines ist vorweg schon klar : Die Armen werden dadurch nur immer ärmer, und die Reichen werden dadurch nur immer reicher. Die Reichen wurden doppelt so reich – die Habenichtse auch: Das heißt hier und heute „sozialgerechte" soziale Gerechtigkeit.

Die Armen wollen oft besser regiert werden, die Reichen hingegen wollen überhaupt nicht regiert werden, erkannte der gute Katholik, der die guten Krimis um den Detektiv *Pater Brown* schrieb.

Kein Mensch ist Demokrat, wenn er unglücklich ist. Die Führer der Französischen Revolution wurden vom Volk verehrt, weil sie unbestechlich, d. h. freiwillig arm blieben, obwohl sie sich leicht hätten bereichern können. Reiche sind korrumpierbar, weil und obwohl sie zu reich sind. Und heute sind Reiche reich durch den naturwissenschaftlich-technisch befeuerten Hochindustrialismus unserer Zivilisation, die von Macht-, Geld- und Wissenseliten beherrscht wird statt von armen Laiendemokraten des gemeinen Volkes. Vom gesellschaftlichen Fortschritt profitiert immer nur der ohnehin schon Reiche und macht ihn nur noch schneller noch reicher, stolzer und frecher. Sollte die wissenschaftsförmige Zivilisation zunehmend mit Laiendemokratie unvereinbar werden, sollte aber eher die Zivilisation als die Demokratie abgeschafft werden.

Das hat vielleicht nur der demokratische Nichtwähler wirklich verstanden und das Einzige getan, was er derzeit tun kann, nämlich gar nichts als **zu Hause** zu bleiben, aber:

Die traditionelle demokratische Partei der Arbeitssklaven und Schwachen war hierzulande einmal die SPD, die spätestens mit der "Agenda 2010" ihre Stammklientel verraten hat an die "Wettbewerbsfähigkeit der Wirtschaft", also an die Reichen.

Plutokraten sind geborene Antidemokraten, die demokratisch wählen gehen.

„So wenig hat der arme Mann verlangt, und es wurde ihm so viel geboten. Man hat ihm Welten und Systeme zur Bestechung angeboten, das Goldene

Zeitalter und das Land Utopia ... Doch er wollte nur ein **Haus**; und das hat man ihm verweigert."

Der Father-Brown-Erfinder *Gilbert Chesterton* fügte in seinem mittelalterlichen „Distributismus" noch eine einzige Kuh und drei Morgen privaten Ackerlandes hinzu, um jeden Armen jedes Landes zum unausbeutbaren Selbstversorger einer Familie zu machen.

Diese wird dann sicher auch wieder demokratisch wählen gehen, soweit sie wahlberechtigt ist.

Treuer Mann und teure Frau sind wie knurrender
Hund und schnurrende Katze. Beide beißen
(sich fest). Sie kommt auf den Hund,
und er ist für die Katz.

Die Kehrseite des verkehrten Verkehrs

"Das ganze Unglück der Menschen rührt allein daher, dass sie nicht ruhig in einem Zimmer zu bleiben vermögen." (*Blaise Pascal, 17. Jahrhundert)*

Ob nun rastlose Bewegung mit Verkehrsfahrzeugen von Ort zu Ort im Weltraum oder mit Frauenzimmern von Zustand zu Zustand im Wohnraum, es braucht dazu so etwas wie "Verkehr".

Einst verkehrten Menschen einfach und eng miteinander, um einander nah sein. Heute legen "Personen" (also Rechtssubjekte als "Charaktermasken") immer weitere *Verkehrswege* mit immer ausgeklügelteren *Verkehrsmitteln* zurück, um sich besser voneinander fernhalten zu können. Statt überflüssige Güter fast dort zu konsumieren, wo sie produziert werden, werden sie nun im *Güterfernverkehr* um den halben Globus gejagt, "transportbefördert", um *Verkehrsteilnehmer* mit giftigem Krempel zuzumüllen.

Statt bei einer Tasse Tee oder einem Glas Wein miteinander Tacheles oder Unsinn zu reden, bedient der *Individualverkehr* sich eines immer weniger unterrichtenden *Nachrichtenverkehrs*, um nachtwandlerisch sicher aneinander vorbeireden zu können. Einst sollten *Verkehrsanbindungen* z. B. auch ein Anbändeln erleichtern. Heute wird der *Personennahverkehr* per lebensspendendem GV verkehrt zu einem Straßenverkehr per lebensgefährlichem PKW.

Sozialwissenschaftler *Wolfgang Pohrt* schrieb irgendwo, dass der Fortschritt ruhig mit der gemächlichen Eisenbahn im 19. Jahrhundert hätte zu Ende gehen dürfen, wenn es nach ihm ginge. Mit mir sind wir da schon zu zweit. Manches im 20. Jahrhundert wäre uns erspart geblieben, ohne dass wir viel vermisst hätten.

Menschen gehen kaum noch im Fußverkehr per pedes Apostolorum von Pontius zu Pilatus, sondern geister(fahre)n von Niemandsland nach Neuseeland und zurück – ohne jeden Sinn und Verstand – außer aus ressourcenvernichtender Langeweile. Wir verkehren umgänglich miteinander, indem wir miteinander umgehen, als würden wir einander umgehen wollen und umeinander herumgehen, statt uns zu treffen – und sei es ins Herz. Wenn wir einander begegnen, um miteinander zu verkehren, entgegnen wir einander auch schon und werden versteckte Gegner und krude Gegenstände statt „ergebnisoffene" Gegenüber. Luxusgütertransport bestimmt die Güte zwischenmenschlichen Personenverkehrs, mit oder ohne Nachrichtenverkehr, aus dem ohnehin niemand klug wird.

Tourismus ist Massenverkehr, also Reiseverkehr als Massenarbeitstierhaltung in fickrig herumirrender Dauerbewegung. ("Reisen" hängt übrigens etymologisch zusammen mit "rise" : aufsteigen, sich rasch bewegen, reiten, erregt sein.) Der Spott sieht im Reiseverkehr einen GV mit der schönen Fremde(n). "Nachhaltiges" Fremdgehen heilt alle Entfremdung?

Zum Reiseverkehr sei Nobelpreisträger *Sinclair Lewis* zitiert:

"Seit den Tagen Alexanders des Großen gehört es zum guten Ton zu meinen, das Reisen sei angenehm und überaus bildend. In Wirklichkeit ist es so ziemlich der anstrengendste und doch langweiligste Zeitvertreib, und, abgesehen von dem Fall einiger weniger Fachleute, die zu ganz bestimmten Zwecken Globetrotter sind, versorgt es sein Opfer lediglich mit mehr Gesprächsthemen, an denen es seine Unwissenheit beweisen kann ... Wer einen Dom zehnmal gesehen hat, hat etwas gesehen; wer zehn

Dome einmal gesehen hat, hat nur wenig gesehen, und wer je eine halbe Stunde in hundert Domen verbracht hat, hat gar nichts gesehen. Vierhundert Bilder an einer Wand sind vierhundertmal weniger interessant als ein einziges Bild, und niemand kennt ein Caféhaus, solange er nicht oft genug hingegangen ist, um die Namen aller Kellner zu wissen. Das sind die Gesetze des Reisens. Wäre das Reisen so begeisternd und belehrend, wie die neueste Weltreisepropaganda so beredt behauptet, dann wären die weisesten Männer der Welt Matrosen auf Frachtdampfern, Eisenbahnschaffner und Mormonenmissionare. Das Betrüblichste am Reisen aber ist die schauderhafte Mühe, die es macht. Wenn es etwas Schlimmeres gibt als das bis zum Schmerz ermüdende Hinausstarren aus Kupee-Fenstern, so ist es die nervöse Unruhe, in die man gerät, wenn man Fahrkarten besorgen, packen, Züge heraussuchen, in rüttelnden Schlafwagenbetten liegen, sich ohne Wasser waschen, Pässe herausholen und sich durch den Zoll kämpfen muss. Sich in Karlsbad aufzuhalten ist gut, in San Remo müßig zu gehen, ist heilsam für die Seele, aber von Karlsbad nach San Remo zu kommen, ist des Teufels.

Tatsächlich lügen die meisten der mit der Gewohnheit des Reisens Geschlagenen bloß über die Freuden und Vorteile dieser Beschäftigung. Sie reisen nicht, um etwas zu sehen, sondern um sich selbst zu entrinnen, was ihnen nie gelingt, und um dem Gezänk mit

ihren Verwandten zu entgehen – nur um neue Verwandte zum Zanken zu finden. Sie reisen, um nicht denken zu müssen, um etwas zu tun, genauso wie sie Patiencen legen, Kreuzworträtsel lösen, ins Kino gehen oder die Zeit mit irgendeiner anderen fürchterlichen Beschäftigung totschlagen zu können. All dies entdeckten die Dodsworths; allerdings gestanden sie es, wie die meisten auf dieser Welt, niemals ein."
Sinclair Lewis : „Sam Dodsworth" (1929)

Verkehrter Verkehr heißt gemeinhin *pervers* (in Gedichten auch mal per Vers). Dann wird der bewegte Verkehr von Straßen, Schienen und Gewässern auf Lotterbetten und Perserteppiche verlegt und die rasche Ortsveränderung als ewiges Hin und Her und Rein und Raus erlebt. Ist das letzte Ziel jedes perversen Straßenfernverkehrs ein nahebringender Geschlechtsverkehr? Sind beide nur Kehrseiten derselben Verdienstmedaille, die doch niemandem je verliehen wird?

Augen- und Ohrenzeuge *Sigmund Freud* hielt das geträumte Flugzeug noch für ein geflügeltes Phallussymbol, aber langsam werden erfahrene Zeugungswerkzeuge eher umgekehrt zu Alptraumsymbolen impotenter Verkehrsfahrzeuge mit kindischen Stecken- und Schaukelpferdestärken. Berufs- und

Hauptverkehrszeit wird zur geglückten Zusammenstoßzeit von Stahlblech statt zum glücklichen Zusammentreffpunkt von Seelenfleisch. – Entweder rasen sich Automobilisten im Verkehrsfluss zu Tode oder langweilen sich in Massenstaus zu Tode.

Die Verkehrsordnung wurde gleichsam zur Verkehrsmordnung: *Verkehrsmittel* sind auf Straßen nur noch potentielle Mord- und Selbstmordinstrumente, auf Betten hingegen waren sie mal präpotente Über-Zeugungswerkzeuge. Beides verhält sich zueinander wie Leben und Tod, die sich langsam vermischen und kaum noch unterscheiden lassen wie Liebe und Hass. Stinken und lärmen tut beides. Laut *Freud* muss man Schmerz-, Scham- und Ekelschwellen überwinden, um daraus Lebensfreude und Funktionslust zu (be)ziehen. Inzwischen verkehren die Geschlechter im Bett miteinander wie die schlechtesten Verkehrsteilnehmer im Blechuterus. Die Betten sind hierzulande übrigens schon sehr viel *verkehrsberuhigter* als die Straßen.

Es herrscht ewiger Kreisverkehr, also rasender Stillstand. Kann man noch umkehren, sich abkehren vom Allesverkehren und lieber in Raststätten einkehren zum großen Kehraus? Der kluge Kolumbianer *Nicolas Gomez Davila* ließ Europa schon früh nur noch die Wahl zwischen einem einzigen "Bordell, Verlies oder Zirkus".

Rucke di guh, Blut ist im Schuh
„Was nicht passt, wird passend gemacht."

Das Thema nennt die innerste Tendenz des Zeitgeistes. Die Gesellschaft in jedem Einzelnen von uns folgt diesem geheimen *Kategorischen Imperativ* - und das im Namen freiester „Diversitäten", „Identitäten" und differentesten „Singularitäten". Tu ruhig, was dir passt (ob es anderen passt oder nicht), und du tust haargenau das, was die Gesellschaft-in-dir von dir verlangt als konkurrenzkampffähigem *Rechtssubjek*t. Der Titel lautet also genauer : Was dir auch passt, es wurde immer schon passend gemacht, denn was dir passt, ist zuvor schon in dich eingepasst worden, ohne dass du es merkst – seit frühester Kindheit.

"Ich lass mich nicht verbiegen, ich bin so, wie ich bin, und damit basta"!? Aber das ist es ja gerade: Du bist nur, was du sowieso sein sollst, ein prachtvolles Original zu Ausstellungszwecken nämlich oder ein Zirkusfreak.

Allein akrobatische Selbstreflexion entgeht noch dieser Falle.

Kurzum : Niemand ist überangepasster als der, welcher Wunders wie unangepasst sich vorkommt und aufführt. Individualist sein heißt heutzutage (und seit geraumer Zeit schon), in gesellschaftlich genehme und vorgestanzte Individualitätsschablonen glatt hineinzupassen. Was auch passiert, es hat schon unvermerkt eine innere Zensur unbeanstandet passiert, bis es in die Landschaft der durchsetzungsstarken Egomanen und auch produktiv ellbogenfreien *Selbstverwirklicher* passgenau hineinpasst.

> "Rucke di guh, rucke di guh,
> Blut ist im Schuh:
> Der Schuh ist zu klein,
> die rechte Braut sitzt noch daheim."
> *("Aschenputtel")*

Vieles wird im Sortiment geführt, so dass es für fast jedermann die passende Schublade gibt. Es gibt sogar die offene Schublade derer, die partout in keine Schublade passen wollen. Verwaltungsforscher *Niklas Luhmann* hat unser Gesellschaftssystem der "ausdifferenziertesten Subsysteme" genau beschrieben, in die alles ebenso tolerant wie folgenlos hineinpasst ohne alle linke oder rechte "Cancel Culture" oder gewaltsame Zurichtung.

Das flexibelste *Prokrustesbett* unserer Zeit heißt launische Willkür. Doch Chefaufklärer **Kant** wusste vor einem Vierteljahrtausend, dass das Himmelreich unserer Neigungen, Zuneigungen wie Abneigungen, das Weltreich der inneren Sachzwänge ist, ein soziales Pflichtsoll, das wir erfüllen, wo wir die Kür zu tanzen glauben. Folge deinen innersten Trieben, und du wirst von ihnen nur getrieben. Freie Willkür des Individuums ist meist nichts als unbelehrbare Orientierungslosigkeit, die zwischen den gebieterischen Marktangeboten und ihren Rattenfallen blind herumirrt. Jeder will nur er selbst sein, mehr leider nicht. Wer sich selbst definiert, wie es ihm passt und beliebt, macht sich auch schon passend identifizierbar, also berechenbar und kontrollierbar.

Neonarziss kreist ja nicht nur unentwegt um sich selbst, sondern ist umgekehrt ständig mit dem aufmerksamkeitsgeilen Bild beschäftigt, das er bieten könnte und möchte, er ist fremdgesteuert, otherdirected. Wir leben in einem massenmedialen "Zeitalter des Narzissmus" *(Christopher Lasch)*.

Tu, was du willst, und du tust, was du sollst, ohne es zu wissen und zu spüren. Freie „Selbstoptimierung" wurde zum „vorauseilenden Gehorsam" freiwilliger Selbstversklavung und Selbstausbeutung.

Die Gesellschaft will dein Bestes, also gib dein Bestes (her), sagt sie zu jedem Erstbesten. Was dir auch in den Kram passt, du hast damit schon pariert. Billiges „freedom" ward zum demokratischen Reisepass ins Reich der despotischen Reichen mit ihrem bequemen "Rechteshopping".

Selbst was in exaktesten Wissenschaften *positiv(istisch)* einfach nur "gegeben" und als „Messdaten" vorgegeben scheint, ist vorweg schon methodisch zugeschnitten und zurechtgestutzt worden (wie eine französische Buchsbaumhecke), um besser manipulierbar zu sein an künstlich und kunstgerecht vereinfachten Standardmodellen. – Selbst originell sein heißt heute weitgehend nur, konventionellen und gesellschaftlich approbierten Originalitätsmustern sich passgerecht anzupassen. Selbst die Hauptrolle, die du spielst, wurde dir nur auf den Leib geschrieben. Auch und gerade unverbildet kernige und urig echte Naturburschen sind nur Schauspieler folkloristischer Typenidole.

Kastriert wird allerdings nicht, wer sich schon selbst kastriert hat. Kurz : Was zu gut passt, werde unpassend gemacht. Pass dich dem an, was (zu) dir partout nicht passt : Sei mehr als nur du selbst!

Aufklärung oder zurück zur Mutter Natur?

Die Regierung ist legitim, wenn leitende Angestellte des Volkes in dessen Auftrag herrschen. Bin ich in der Minderheit, habe ich bewiesen, mich geirrt zu haben, und mein Einzelwille war nicht der Wille der Allgemeinheit, die mich zwingt, frei zu sein. Der Körper könne seinen Gliedern nicht schaden. Robespierre hatte Rousseaus *Gesellschaftsvertrag* sehr genau gelesen und machte sich später zum Arm des souveränen Gesamtwillens, der mehr und anders ist als die Summe aller Einzelwillen.

Für Voltaire war Verstand die natürlichste Sache der Welt, für *Rousseau* die Natur die künstlichste Sache des Verstandes. In „Emile oder die Erziehung", den Kant sehr schätzte, empfahl er allen Müttern, ihre Kinder selbst zu stillen, und die taten das dann in aller Öffentlichkeit. — Den Vätern riet er, ihre Kinder wieder selbst zu erziehen, nachdem er selbst gerade sein 5. Kind ins Findelhaus gebracht hatte (da Kinder Gemeingut eines platonischen Idealstaates seien). Das Ancien Regime war schon dekadent genug, diesen humorlosen Psychopathen und pedantischen Proletendarsteller zu seinem Idol als Naturbursche zu machen. Der von ihm bewunderte *Gessner* war besser.

In der „Neuen Heloise" stellte er die Liebe als Naturkatastrophe für Sensibel Amis dar. Madame du Deffand sah das Buch „in einem Ozean von Geschwätzigkeit ertrinken".

Der Verfasser schlüpfriger Romane griff seinen großzügigen Gönner Voltaire öffentlich als Sittenverderber an. Die generösen Geschenke Friedrichs des Großen wies er hochtrabend zurück (und ließ sie dann heimlich durch seine Geliebte annehmen). Dieser verlogene Poseur mit der komödiantischen Heuchelei unterhielt sein adliges Publikum. Der plebejische Parvenü spielte den Verächter der Gesellschaft, die ihn dafür masochistisch feierte. Er gab den urigen Proleten, schminkte sich auf unverfälschte Natur und spielte den Salonbauern. Sein extravaganter Naturkultus war die letzte Raffinesse für übersättigte Décadents, die ihrer Überzüchtung müde waren. Die brutale „Idiotie des Landlebens" (Karl Marx) wurde bei Rousseau zum Flanieren in synthetischen Urwäldern.

„Träumereien eines einsamen Spaziergängers"?

"In Rousseaus Phantasie auf der Insel Saint-Pierre ist die Identifikation mit dem Bild der "guten Mutter" ebenso enthalten wie die Unmöglichkeit, sich mit der Vaterimago zu identifizieren außer durch Sublimierung." (*Gérard Mendel*: "Die Revolte gegen den Vater", Frankfurt/M. 1972, S. 65 f.).

"Die Fusionslust ist von außerordentlicher Intensität – darin dem Orgasmus ähnlich sowie, in anderer Hinsicht, jenem Lustgefühl, das Rousseau auf der Insel Saint-Pierre erlebt hat." (a.a.O., S. 75): "Während Rousseau eine Allianz mit der guten Mutter – einer idealisierten Mutter-Natur – herzustellen versucht, um seinen homosexuellen Wünschen zu entfliehen, versucht (ein Diktator) sich mit der erbarmungslosen, grausamen Natur – der Imago der bösen Mutter gegen den Vater zu verbünden" (a. a. O., S. 259) wie etwa bei Nietzsche.

Mit seiner Absage an die korrumpierenden Wirkungen von Wissenschaft und Kunst steht J. J. Rousseau zwischen *Dialektik der Aufklärung* und romantizistischer Gegenaufklärung, wenn er den in die Prähistorie zurückprojizierten Urzustand des Menschenkindes, das mit Mutter Erde allein und alleins ist, gegen alle spätere patrilineare Überformung und Entartung ausspielt. Der Sündenfall, die Vertreibung aus dem primär-narzisstischen Paradies, beginnt nach Rousseau mit der sozio-historischen Premiere des Phallus und seines inzestuösen Gebrauchs in der Einführung von Bergbau und Ackerbau in die wohl mutterrechtlich urkommunistische Gesellschaft. Von da an verdrängt der analsadistische Egoismus der Eigentumsgesellschaften jedes kontrationale Mutterrecht-Naturrecht. Im "Contrat social" (1754-1762) versucht Rousseau, seine naturrechtlichen Phantasien, welche dann die Französische Revolution mitinspirierten und auf Kant, Fichte und Hegel mächtig wirkten, zu vereinbaren mit der nicht mehr rückgängig zu machenden Tatsache eines Vaters Staat. Hier wird die Möglichkeit eines politischen Lebens diskutiert, das nach dem Vatermord nicht mehr von übermächtigen Schuldgefühlen der Täter erstickt wird wie im Christentum. Der *contrat social* will den gemeinsamen postpatrizidalen Verzicht aller Brüder und Schwestern auf den Besitz jener Frau Welt regeln, um deren Willen der Vater überhaupt zu beseitigen sei. Der homoerotische *volonté générale* der Bruderhorde ist dabei nicht identisch mit dem inzestuösen, rivalisierenden *volonté de tous* aller Brüder im Einzelnen und damit auch gegeneinander. – Dieser Gesellschaftsvertrag erlaubt ihr gemeinsames friedliches retour à la nature, ihr inkonfliktuöses, prä-ödipales Nebeneinander an den Zitzen der Großen Weltmuttersau. Ein jeder narzisstische Macht- und Freiheitsanspruch findet seine "natürliche" Grenze am Respekt vor dem Macht- und Freiheitswillen des Mitbruders, und diese verbleibende Freiheit, welche sich die Brüder gegeneinander und gegen die feierlich aufgegebene Mutter Natur noch herausnehmen, ist oralnutritiver Natur, nicht einmal ein anal-possessives Abgrenzungsmanöver, geschweige denn inzestuös bzw. fratrizidal. Dieser Kompromiss zwischen akzeptiertem Inzestverbot und der Freiheit zur degenitalisierten Rückkehr an den Busen der Natur macht diese Theorie so populär, attraktiv und suggestiv.

Alles Übel komme nur vom *Prinzip Vater*, das den Sohn von den Mutterimagines fernhalten wolle, aus denen alles Böse und Versagende auf den feudalistischen Souverän projiziert ist, den es fortan zu desavouieren gilt, auch und gerade zu treffen gilt in seinen szientistischen und kulturellen Machtinstrumenten. Mutter Natur ist gut, der Vater ist schlecht, das ist alles: Das Über-Ich, vor dem das Es böse ist, ist böse. Aber insgeheim wird dem Über-Ich doch wieder rechtgegeben, wenn nicht zur Befreiung jener unterdrückten Bedeutung des Es aufgerufen wird, gegen die das Über-Ich sanktionierend gerichtet ist, sondern zur Emanzipation seiner präinzestuösen Intention, welche das Über-Ich eher unterläuft als provoziert.

Die Brüder erschlagen den Vater und schließen, um sich nicht gegenseitig zerfleischen zu müssen oder von post-patrizidalen Schuldängsten erdrückt zu werden, den Gesellschaftsvertrag zum gemeinsamen Verzicht auf inzestuösen Gebrauch der Mutter Natur. Aber nach *Mendel* ist dieser Vater nicht nur deshalb böse, weil er sich zwischen Mutter und Sohn stellt, sondern auch, weil der mit der Mutter effeminiert identifizierte Sohn seine eigenen verpönten homosexuellen Wünsche nach dem Vater auf ihn projiziert hat. Er ist der Teufel, der auto-erastische Verführer und sadistische Verfolger, auf den die böse, paranoid persekutorische Mutterimago projiziert ist. Später holte das Verdrängte ihn dann ein : Rousseau endete im Verfolgungswahn, aus den ihn auch David Hume nicht mehr zu befreien vermochte, von Voltaire ganz zu schweigen.

Voran zu neuen Hintergedanken!

Aphorismenbände machen endlose kurze Umwege,
um ihr Ziel hinauszuzögern und ihr baldiges Ende.

Tief Umnachtete müssen nicht Hochbetagte sein.

Sind Gedanken freier als überwältigende Gefühle?

Von der Sturzgeburt zum Sturztod, wenn feuchte
Flammen auf feuriges Wasser treffen und Galgen-
humor am Humorgalgen hängt …

Wer betrauert den Tod einer Geisteskrankheit
oder bedauert *Freund Heins* Krankheiten?

Darfst du ans Unglaubliche glauben,
dass du nicht dran glauben musst?

Streift das All in dir seine Gleichgültigkeit ab?

Hast du deinen Schatz versetzt, im Freudenhaus?

Kann man leben oder sterben,
solange man nicht das Gegenteil versucht hat?

Anmut, ja, übermütiger Hochmut der Verzweiflung:
Schwermut des Leichtsinns, Demut des Heldenmuts.

Ist der Himmel der Dachboden der Wohltatsachen
überm Erdboden der Straftatsachen oder umgekehrt?

Aphorismen stehen auf dem Boden der Untatsachen,
da sie gründlich ihre Gründe an Abgründe verlieren.

Begriffe springen in den Vorbildrahmen
und sprengen den Zeitfensterrahmen.

Gefühle und Gedichte zerlaufen zu Sentenzen,
zu denen Gedanken und Geschäfte einlaufen.

Bring deinen Fall vor den HErrn
und damit deine Herren zu Fall!

Feuer ist die Oberfläche des Wassers,
Luft ist die Tiefe der Erde, wo die Tiefen des Alls
zur Oberfläche des Himmels werden.

Wir trauern gern der Lust vor, finden Verluste
und fiebern Keimen und Erregern entgegen.

Nietzsche : Schaf im neuheidnischen Wolfspelz,
vorzüglicher Rückzug hinter die Taufe zurück
in seine alten sächsischen Wälder.

„Rindviech!" blökt der Stier, wenn sie ihn „Ochse!"
tauft, sobald er seiner dummen Kuh das Kalb
abschwatzten will – als profitablen Kalbsbraten.

Der *Intercity*-Zug heißt so, weil er so oft
zwischen den Städten steht.

Denker bebildern nicht ihre Begriffe,
und Dichter begreifen nicht ihre Bilder.

Zwei-fel. Ist Unglaube an den Unglauben
schon Glaube an den Glauben?

Wenn man dem *zwanglosen Zwang des besseren
Arguments* nach bestem Wissen und Gewissen folgt,
gehorcht man dann auch nur dem Druck jener
(möglichst großen) Gruppe, die das Argument teilt?

Tageslicht verdunkelt den hellsten Traum.

Antisemitismus : gelber Neid und tödliche Eifersucht
von Bauer *Kain* auf Gottesgünstling *Abel* (Hauch)?

In der Hochkultur gibt es tendenziell so wenig
Kitsch wie Kunst in der Popkultur.

Religionen : Verschiedene Inspirationen durch
verschiedene Aspekte ein und desselben „Heiligen"?

Theologen nehmen die Wissenschaften heute ernster
als diese die Religionen.

Wissenschaften : ganze Vollbilder von Bruchteilen.
Religionen : Teilbilder vom großen Ganzen.

Auch Christen, nicht nur vornehme Atheisten,
waren stets *Agnostiker* weil Anti-Gnostiker.

Religion ist auch nicht mehr das Urälteste
oder Allerjüngste Nachweltgerücht.

Frisch, fromm, fröhlich, frei ? Lieber lahm-
oder lammfrömmelnd als metzgerfrech.

"Fromm" heißt spirituell, aber die "Spiritualisten"
heute sind nur geistlose Spiritisten mit zeitgeist-
lichem Spirituosenhandel.

Frömmigkeit "frommt" (nützt) dir mehr
als die Sch(w)einheiligkeit ihrer Verächter.

Sind "aufgeklärte" A(nti)theisten ("Freigeister")
von heute nur Satans sonnenklare Frömmler?

Komm, *homme*, sei fromm : Die Orthodoxen
sind die wahren Zeitgeistketzer.

Nur ein frommes Dogma bewahrt mich vor tausend
dogmatischen Doktrinen meiner Zeit.

Der Demokrat wählt sich einen Herrn auf Zeit,
der Christ einen HErrn über alle Herren auf ewig.

Wie viele Menschen hattest du mir ersetzt,
die nun alle zusammen dich nicht ersetzen können?

Wie viele Stoßgebete werden wohl
unerhört zurückgestoßen?

Zwischen Hassenden gibt es nur,
zwischen Liebenden niemals Niemandsland.

Wer beleidigen will, ist abhängig von einem,
der darunter leidet, aber ist arg zu kränken,
wer davon gar nicht krank wird?

Kommt Kunst, die *KI* auch kann, noch von Können?
Botlose Kunst soll es ja nicht leichter haben.

Werden *Peer-Reviews* in Fachpublikationen
heute per Peer-Bots erledigt?

Nietzsche wollte unter Menschen Wolf im Schafs-
pelz sein und war doch oft Schafskopf im Wolfsfell
der alten ungetauften Sachsenheiden.

Ein Kirchturm ist eher ein Elfenbeinturm der Bibel
als ein abrissreif himmelhoher Turm zu Babel.

Jedes Kind unserer Zeit betet gutgläubig die Phrasen
wider die Heiligen und frommen Asketen nach.

Exzentriker heißen so, weil nur sie ins Zentrum
treffen und ins Schwarze.

Guter, aber schwacher oder allmächtig böser HErr,
grundschlecht oder nur schlechten Knechten böse?

Seit deine Mutter sich um dich sorgte, gab es dich.

Animal rationale. Hat Tierquälerei gerechtfertigt,
wer Tieren nur Instinkte statt Vernunft zuspricht?

Christen sind Verrückte, schrieb *Nietzsche*.
Da schlug Christus ihn mit Wahnsinn.

Inus. War *Mackie* der notwendige und hinreichende
persönliche Grund der Aussage, dass ein persönli-
cher Grund der Weltexistenz nicht existieren muss?

Gegenüber. Man kann Ihm als Gegner begegnen,
doch Ihn nicht als Gegenstand (be)greifen.

Wenn Roboter billiger werden als billigste Sklaven,
können diese keine Roboterprodukte mehr kaufen.

Haben wir mit *KI* mehr Zeit zum Nachdenken
und Schöneren als Steinzeitmenschen ohne *KI*?

Sicher hätte ich ohne dich ein schlechteres Leben
gehabt. Hoffentlich aber hättest du ohne mich
kein schöneres Leben gehabt!

Wodurch sind klügste Tiere noch von dümmsten
Leuten durch einen mysteriösen Abgrund getrennt?

No body is perfect, but some head is less imperfect.

Christ, ja, aber *Nachfolge Christi* bis ans Kreuz?
Man will es ja noch tragen, als Krone,
aber daran hängen?

Für einen Sokratiker, der genau weiß. dass er nichts
weiß, weiß mancher uns nicht wenig weiszumachen.

Kannibalen verschmähen wenigstens *gentechnisch
veränderte* Menschen (wie auch *Corona*-Geimpfte).

Muss ich mich bekennen zu dem,
was ich erkennen kann, oder soll ich erkennen
wollen, was ich bekennen könnte?

Mit Lenden ergreift, nicht mit Händen begreift
der Zeitgenosse, was Sache und Tatsache nicht ist.

Ich habe bessere Werke geschrieben, aber nie wieder ein so gutes Buch wie mein erstes Notizbuch.

Jedes Kind seiner Zeit ist ein ewiger Anachronismus

Waren die schönsten Zeiten ganz allein wirklich
besser als die schlimmsten Zeiten nur zu zweit?

Der Lump, der unsichtbare Fesseln trägt,
trägt keine fadenscheinigen Lumpen.

Jedes übervertraute Ding kann eines Tages in seine
Enthüllung hineinexplodieren als was ganz anderes.

Wir leben nicht in hektischen, sondern verschla-
fenen Zeiten, müde und taub vom Medienlärm.

Christentum ist wie ein Krimi : Was gerecht wirkt,
ist aber böse, und was schlecht scheint, das Beste.

Lucifer Morningstar (Venus) ist kein Gegenspieler
des Himmels mehr, sondern als Resozialisierungs-
fall ein Pop-Satan und komischer Fantasyheiliger.

AT : Wer Gott erkennt, muss sofort sterben.
NT : Wer Gott bekennt, darf ewig leben.

Als praktizierend studierendes Gamegirl
bei spießigen Puritanerverlagen ist jede hübsche
Maid bald ohne Kleid mit Payboy.

Formale Logik war mir nie nützliches Werkzeug zu
nützlichen Dingen, sondern ewig gültiges Spielzeug,
um mit dem ewigen Leben ernst zu machen.

Die bienenfleißigsten Dichter und Denker waren oft
unter bummelstreikenden Bummelanten des Lebens,
doch selten auf großen Einkaufsbummeln zu finden.

Wahlbetrug in Demokratien ist, wenn die einfache
Volksmehrheit nicht alles falsch machen darf,
die Eliten aber wirklich alles richtig machen.

Der *Herr der Finsternis* heißt *Luzifer* (Lichtbringer).

Quacksalber : Arzt für diplomiertes Quicksilber.

Eine Zeugenaussage verhält sich zu einer Meise
wie die Heldensage zum emsigen Ameisenstaat.

Wären wunderbare Willküreingriffe des Ewigen in
die schon wunderbare Naturgesetzordnung (ver)-
wunderliche Selbstzerstörung eines Wunderwerkes?

Von A bis Z : „AZ" *(medizin. Allgemeinzustand)*
ungeduldiger Lebenspatienten.

Ein *Bienenstich* ist in fleißigen Bienenstaaten
kein Stück Kuchen.

Werde ich einmal alt genug werden,
um ewig jung zu bleiben?

Jede Eizelle ist (größer als) ein *Wolkenkratzer*.

Die Welt läuft ab wie ein deistisches Uhrwerk, das
nicht mehr aufgezogen oder batterie-erneuert wird.

Wer Weltanschauungen zu Ende denkt, fängt an,
Philosoph zu werden.

Moderne Aufklärer haben mehr gegen Könige und
Tyrannen als gegen *Stahlbarone* und *Lottokönige*.

Könige sollten Philosophen sein,
doch vielleicht nicht gerade Platoniker.

Praktiker bestehlen nur andere und schaffen mehr
Chaos, d. h. weniger als reine Theoretiker.

Mittelalter : Heidnische Pracht in skeptischer Logik.

Klosterbrüder sahen uns stets in Kerkern schmoren.

Nur durch breite Zeitfenster lacht der weite Himmel.

Komplizierte mathematische Formeln erfassen
nur Simpelstes, einfachste aphoristische Formeln
aber Komplexestes.

Mathematische Funktionen funktionieren,
mehr nicht, aber sie funken dem Leben dazwischen.

Nur für den Machtwillen ihrer komplexbehafteten
Menschenkinder ist *Mutter Natur* ein hoch-
komplizierter Komplex aus simpelsten Elementen.

Europa ist fast antichristlich, aber deshalb die Kirche noch keine Sekte in der Ab- und Jenseitsfalle.

Ist *Sozialismus* ein Ratschlag in verlorener Schlacht,
ein Kampf von Steinzeitheiden um besseren Unrat?

Wahre Religion ist nichts Überirdisches, sondern
Sinn für richtige Proportionen aller Teilwahrheiten.

Da jede Tat etwas ganz anderes erreicht
als das Erwünschte, erreicht man dieses oft
eher durch Nichtstun als durch andere Untaten.

Mehr Belesenheit besitzt, wer sie mehr vergisst.

Dem Flachkopf fehlt nur Hochschätzung
zu hoher tieferer Gedanken als seine niedrigen.

Die vielen Opfer der „Rechten" kennt fast jeder,
die vielen Opfer der „Linken" aber fast keiner –
warum wohl nicht?

Ist man mit seinem Witz am Ende, wenn alles lacht
oder lächerlich wird?

Die wirkliche Mutter Natur ist natürlich noch nicht
die wahre Natur Gottvaters.

Christentum ist auf die Kirchturmspitze getriebener
Rationalismus ohne Rationalisierung – ein springen-
der Schlusspunkt, der ein Doppelpunkt ist.

Wer kein Denker ist, schneidet sich noch nicht die
Kehle durch, wenn er sich den Kopf abschneidet.

Ist das Sein da, wo die Suche nach dem Nichts
gar nichts bringt?

Man sucht Sein oder Nichts und findet nur Krempel.

Der Ruf nach Revolution kommt stets *nach* großen
Umwälzungen – letztes Zucken einer großen Zeit.

Der Mob bringt andere um mit „Feuer!“
und sich selbst mit Feuerwasser.

Ein großer Künstler muss unüberlegt sogar denen
überlegen sein, die ihm wirklich überlegen sind.

Sozialismus : Lieber in Kerkern leben als in Gossen?

Monotheismus hat nichts gegen Mythenaufklärung
und Vernunft, doch viel gegen Aufklärungsmythen
und gegen das Dunkel globaler Rationalisierungen.

Die Französische Revolution war ein Aufstand
der guten Natur gegen schlechte Gesellschaft, die
industrielle Revolution ein Aufstand der guten Gesellschaft und *Company* gegen die grausame Natur.

Im echten Rampenlicht steht man nur unter Sternen.

Helden müssen ihren Kopf verlieren, um nicht ihr
Leben zu verlieren, wenn sie auch nur tollkühn sind.

Mystik muss aus Paradoxen bestehen, wenn sie
nicht mystifizieren soll, und Paradoxe müssen wie
selbstverständlich wirken, wenn sie nicht platt sind.

Heute sind alle Helden lächerlich, die keine Helden
darin sind, alle Heldentaten lächerlich zu machen.

Wer die Sozialfrage ohne langes Überlegen angeht,
hat noch Zeit, sie bedachtsam überlegen anzugehen.

Alle Segnungen der Neuzeit waren zu unabwendbar
unterm christlichen Europa, um dort aufzutreten.

Verdorben ist nur, wer Sex ernst nimmt, ihn gar als
Arznei verordnet oder in Priap- und Vaginalkulten
feiert wie ein Lacher, der zotige Witze lustvoll lustig
statt nur etwas lächerlich findet.

Sünden werden nicht mehr begangen, gebeichtet,
bereut, bestraft oder vergeben, sondern in Register
eingetragen als verdammte Schuld(igkeit)en.

Vegetarier beißen ins Gras statt in geliebte Schultern

Das Volk flucht anständig „verdammt!" vor Schreck
über wirklich Gottverfluchtes und -verdammtes.

Unanständiges reden nur Lasterhafte,
Forscher und – Liebende, um ihrem Hass
auf Verdorbenheit Luft zu machen.

Bösewichte sind nicht so böse wie jene, die andere
dazu machen, welche ihnen nicht sehr böse sind.

Glaub dem Christus in Jesus, den es mal gab, doch
an den Vater, den es ewig gibt! Sein Kind ist jeder.

Lehrer belehren, Pfarrer bilden, Gesellschaft dis-
zipliniert, Religion ist interdisziplinär, Medien
schlagen uns den Kopf voll und ein und die Zeit tot.

Nichts ist moderner als das *Ganzheitliche* ohne To-
talitäres, und was ist ganzheitlicher als die Universa-
lität der Kirche – Absolutes ohne Verabsolutiertes.

Nietzsche würde heute eher geheilt als gehört.

Kunstwerke sprechen stumm, Künstler reden dumm.

Komplexe mathematische Gleichungen sind die
schrecklichste Vereinfachung des Lebens, einfachs-
tes Leben ist das hochgebildete Leben eines Beters.

Wann schickt der Himmel wieder erbauliche Hun-
nen über die destruktiven Konstrukte der Moderne?

Die Welt ist einfach reich und vieldeutig elementar,
aber nur auf komplizierteste Art zu vereinheitlichen.

Moderne Konstrukteure sind de(kon)struktiv,
Maschinen- und Götzenbilderstürmer nur erbaulich.

Nichts ist intellektuell ausgeklügelter als das einfach
natürliche Leben der Veganer und FKK-Nudisten.

Das *Zeitalter der Aufklärung* ward finsterer Götzen-
dienst an der universalen Weltrationalisierung.

Pragmatische Realisten leben im Wolkenkuckucks-
heim von Plänen und Projekt(ion)en, Tagträumer
hingegen auf dem festen Boden der Heldentatsachen

Gläubige beten keine Heiligen an,
sondern Heilige beten nur Heiliges an.

Zurück zur Natur! heißt zurück in den Mutterleib:
Vorwärts zum Unsichtbaren, um seine Unsichtbar-
keit zu sehen. Natur ist unsichtbar wie ihre Natur.

Ein einfach entwickeltes und so verwickeltes Leben
ist einfach genug, doch die Natur der Körnerfresser
und Yoga-Yogis ist natürlich nur unnatürlicher, als
es natürlich wäre, oder noch nicht natürlich genug.

Können Lehren, die aufs Ganze gehen
wie Religion oder Philosophie, nur Nebenfächer
in *ganzheitlichem* Schulunterricht sein?

Auch heillos scheinheiliges Leben stirbt
unter Wunderheilern einen heiligen Tod.

Nur Gefühllose reden noch über Gefühle,
nur lieblose Leute über Sex, nur **KI** über Natur,
nur Komplexbehaftete über einfaches Leben,
nur Totalitaristen über Ganzheitlichkeit
und nur Geisteskranke über Gesundheit …

Religion als Revolution : Aus der Hölle
der Sklaverei befreit(e) nur die himmlische
Höllenangst der Sklavenhalter.

Aphorismen, kurze Schlaglichter aufs Ganze
wie kirchliche Dogmen, sind die schnellsten
Abkürzungen zwischen den Umwegen der Kultur,
und ihr Leser hat oft die längste Leitung, wo sie
doch am längsten die ganze Wahrheit umkreisen.

Manche Aufklärung ist noch viel erstaunlicher
als das Unerklärliche vorher und viel dunkler
als die Finsternis zuvor und danach.

Jedermann ist Mystiker, bevor er die ganze Welt in
tausend Stücke schlägt oder seine Entwicklung sich
in hundert Widersprüche verwickelt, und wird wieder Mystiker, dem am Ende alles gleich und eins ist.

Wer der Erste sein will, braucht viele Verlierer;
wer der Letzte sein will, sieht wenig Gewinner.

Du erkennst immer nur Kants *Dinge an sich* und
hast nie eine Erscheinung. Du siehst immer nur die
Kehrseite der Medaille und nie, wofür du sie hast.

Ist der Klassenbeste der beste Freund
des guten oder besseren Schülers?

Kinder klingeln aus Jux bei Großen und rennen
nicht weg : Sind sie Helden oder nur dumm?

Wer mit dem Kopf durch die Wand ins Paradies
will, sucht es besser nicht in seinem Kopf.

Wer frei über sich hinausgeht, betritt größere Kerker

Genieße dein Leben – wie du gerade
von der Welt verzehrt wirst!

Begegnet meine Ansicht mal der Realität,
oder begegnet der Realität überhaupt mal etwas?

Christentum : *Glaube* an Unglaubliches,
Liebe zu lieblos Selbstverliebten und
verzweifelte *Hoffnung* in hoffnungsloser Lage.

Weiße Westen, schmutzige Hände; kochende Seele,
kalte Füße; hartes Herz, weiche Birne; kurze Beine,
lange Finger; lange Ohren, spitze Zunge …

Mancher ist trauriger darüber, dass seine Trauer
nicht weinen will.

Der Himmel lässt sich wohl in Atome zerlegen,
doch nur zu einer Hölle wieder zusammenfügen.

Wir sind simpel genug, Komplexe zu analysieren,
aber zu kompliziert, das Einfachste zu kapieren.

Der Fortschritt entwickelte Feuerwerkskörper zu
Glühbirnen und Atombomben, doch Technik und
Naturwissenschaften sollten nur gute Witze sein.

Der Fortschritt will sich nun die ganze Wahrheit aus
tausend Teilirrtümern zusammenstückeln, statt sie
ganz zu sehen mit dem ersten Blick wilder Kinder.

Gedanken sind auch so frei, gedankenlos zu sein,
und der Wille oft frei bis zum Unwillen
und zur Willenlosigkeit.

Gefühle oder Gedanken oder Geschäfte?
Ohne allgemeinverständliche Sentimentalitäten
gäbe es nur unvernünftigste Rationalisierungen.

Ohne eigene lebensgefährliche Ideen
hat man tödliche Ideen anderer.

Sokrates? Eher kann der Sterbliche dem Ewigen
glauben als sich selbst erkennen.

Der Mensch ist gut dazu, böse zu werden (aber wird
er böse genug auf Bösewichte, um besser zu sein?)

Ist der Mensch das einzige Wesen, das Spaß haben
kann an mehr als Heidenspaß und Mordsspäßen?

Christus am Kreuz soll Gott im Himmel selbst
gewesen sein, und hat Nietzsches *Übermensch*
oder *Superman* nicht nur schwache Nerven?

Verstand und Ratio waren es, die Sklavenhandel,
Inquisition, Imperialismus, *Gulag* und *Shoa*
auf dem Gewissen haben.

Der Mensch ist klein vorm All wie vor der Fliege,
die er weder durchschauen noch erschaffen kann.

Schön wirkt nur die Eingrenzung von Vitalität.

Woran gewinnt man unstrittiger Geschmack
als daran, über Geschmack zu streiten?

Du wirst bestimmt vom Unbewussten bestimmt.
Spricht´s gegen dich oder gegen dein Bewusstsein?

Bewegt *Mater-ie* nur den Geisteskranken dazu,
alles auf sie zurückzuführen?

Einst wurde man mit falscher Philosophie
oder Religion getötet durch Verbrennen,
heute nicht mal mehr durch Lächerlichkeit.

Wann gibt es mal eine Zensur der Massenmedien,
von denen alle Zensur ausgeht?

Welcher tyrannische Utopist vertritt eine Utopie,
in der alle Utopien anderer nur friedlich wetteifern?

Sein Leben in die eigene Hand nimmt nur,
wer von seinem Schöpfer nicht enttäuscht ist,
statt Gewalt zu bewundern, die ihm Angst macht.

Wellness often is less well than mental illness.

Selbstlose Nächstenliebe oder christliche Feindes-
liebe ist zu oft Verliebtheit in Tyrannen.

Demokratie ist nicht selten Traum von der Tyrannei
der Freiheit und Gerechtigkeit.

Nie war es gefährlicher, arm und schwach zu sein,
und nie ungefährlicher, reich und mächtig zu sein.

Gesetzgebende Körperschaften sind ausgeschlafen
woke, Anarchisten hingegen nur übermüdet gereizt.

Eine Masse mit vielen starken Armen ist eher
ein Riesentintenfisch als ein gemeines Volk.

Beruht ehrliche Demokratie auf Furcht oder Ehr-
furcht vor Proleten mit dreckigen Pranken?

Am besten delegieren wir alles an Regenten
und Chefs, die möglichst besser sind als wir.

Freie Pädagogik geht davon aus, dass wir
von uns aus Integralgleichungen lösen möchten
und nur mit Gewalt daran gehindert werden.

Kinder werden getrost vertröstet aufs Alter, in dem
sie getröstet werden sollten mit dem ewigen Leben.

Muss jeder seine eigenen Erfahrungen machen,
z. B. mit Mord und Selbstmord?

Kinder sind hoffnungslos glücklich,
Greise aber verzweifelter Hoffnung.

Schwere Sorge um ihr sorgloses Leben
drückt nur die zu Wohlversorgten.

Ist von kindischer Altersweisheit mehr zu lernen
als von den naseweisen Dummheiten der Kinder?

Gesunder Menschenverstand ist heute Maschinen-
stürmer gegen die Gesundheitsindustrien.

Freie Liebe ist die Freiheit, seine geliebte Freiheit
an einen geliebten Menschen zu veräußern.

Freie Liebe, die Glück haben will, zwingt sich,
glücklicher zu machen.

Höhenflüge aus Untiefen müssen so wenig
im Flachland enden wie Stürze vom Himmel.

Um Glück zu haben, soll ein Mann nicht
viele Frauen lieben bis zu einer nächsten, sondern
viele Jahre nur einer Frau bis zum Tode treu sein.

Das Essen kommt nicht in den Kussmund
wie der Samen in den Muttermund.

Zeugungsorgane sind noch entweder Spielzeuge,
Harnwege oder Ehekriegsgeräte.

Achtminuten-*Quickies* am Fließband sind filmreifer
und kunstaffiner als Achtstundentage am Fließband.

Eine lange Liebe, die Treue findet, hat mehr Glück
als eine, die ewiges Glück sucht.

Wer die Freuden des Schufts ohne die Leiden
des Schuftens haben will, muss ein Geschäft haben,
statt darin beschäftigt zu sein.

Orgasmen : Ersatzbefriedigungen der Gefühlsarmen.

Hamlet ist nur ein Mensch, der viel mehr weiß, als
ein Mensch realisieren kann, statt daran zu zweifeln.

Es kommt stets auf den konkreten Einzelfall an,
sagt die Theologie der Jesuiten nicht anders
als z. B. die modernere Philosophie *Adornos*.

Wenn ich nur halb so oft die himmlische *Paterie*
anriefe, wie heute die irdische Materie beschworen
wird, wo Materielles spirituellste Sache der Welt ist!

Um Gutes zu schaffen, müssen Künstler Schlechtes
propagieren, z. B. *Sartre* oder *Ernst Jünger*.

Philosophie hat den Fortschritt gemacht, nicht zu
Ende zu denken, was längst zu Ende gedacht war.

Gute Kunst entlarvt die Welt,
schlechte den Künstler.

Karl Kraus : schmerzhafte Lustphilosophie.
Fr. Nietzsche : scherzhafte Leidphilosophie.

Nur der Tod analysiert uns bis in die Atome hinein.

Die Massenmedien üben die Zensur aus,
denen sie nicht unterwerfen werden.

Flow im Ohr. Kunst ist der Egoismus des Alls,
zelebriert durch *eine* Person.

In der Bibel reden Bet(tl)er wie Könige,
im Roman Genies und Monster wie Spießer.

Adlige waren einst Ritter, um Bauern zu schützen,
aber ihre manierierten Manieren sind zu vulgär,
um heute demokratisierungswürdig zu sein.

Strenge Moral verurteilen wir, weil sie uns verurteilt

Freie Journalisten : potenzielle Plutokratenknechte.

Wenn Tageszeitungen wenigstens Neuigkeiten
brächten, aber sie schütten nur Meinungen
von vorgestern eilig über alles heute.

Der Arzt heilt den Leib, der Pfarrer die Seele und
der Dichter und Denker den Geist – auch nicht mehr

Die Richtung aufs Richtige hin heißt zurecht Recht.

Auch ein Auto ist nur schön, wenn seine Unfallopfer
nicht zu hässlich sind.

Rom ist berühmt durch einen Dom,
nicht durch seine Mode(r)schöpfer.

Heute will man lieber richtig handeln
als nur Richtiges glauben, also lieber ein schlechter
Ökologe als ein rechter Katholik sein.

Man entwickelt sich immer weiter – weg von dem,
was man nicht kennt, hin zu dem, was jeder weiß.

Solange Touristen keine Poeten und Philosophen
werden, werden sie nichts Sehenswürdiges sehen.

Moderne Kunst lebt von ordinärer Sensibilität,
die klassische von feinsinniger Direktheit.

Experimente ersetzen die Erfahrungen
so wenig wie Theorien die Theologien.

Einst wurden Kinder dem Moloch geopfert
und heute der emanzipierten Mutter Natur.

Wer nicht Recht hat, ist nicht *orthodox*,
sondern ein Ketzer.

Wer am konzentriertesten bei der Sache ist,
heißt *zerstreuter Professor*.

Frömmigkeit frommt (nützt) dir mehr als ein
Pragmatismus, der nie sein *Pragma* (Zeugs) kennt.

Man glaubt den inspirierten Sterblichen, die Sein
Wort aufzuschreiben glaubten, aber *an* den Ewigen.

Du hast Fehler und Schwächen, aber falsch an dir
ist vor allem, dass du nicht weißt, was richtig wäre.

Die Vergangenheit ist die Demokratie der Mehrheit,
die Zukunft der Despotismus jedes Menschen und
die Gegenwart der Ort, wo sie einander entgegnen.

Das Wildschein jagt einem wilden Traum nach:
Jagd auf die Jäger.

Demokratie § 1 : Demokratie-Eliten,
Finger weg von Laiendemokraten!

Die Vergangenheit zeigt die Schwächen einer
Demokratie von Laien, die Zukunft nur Vorzüge
eines Despotismus der Reichen und die Gegenwart
nur Propaganda katastrophalen Fortschritts.

Zukunft ist die ehrgeizige Modelaune der Reichen,
Vergangenheit die ehrwürdige Tradition der Armen.

Katholische Klöster waren manchmal Kerker mit
Toren zum Himmel, protestantische Fabriken aber
immer Zuchthäuser mit Fluchtwegen zur Hölle.

Beamtenadlige sind heute alle Sozialisten
wie seit vorgestern Grundbesitzer
und seit gestern Großkapitalisten.

Kneipen waren die Trainingsplätze des Demokratie-
sports : Herrschaft des Allerbesten ist Diktatur,
Demokratie ist Herrschaft irgendeines Erstbesten.

Im Demokratiespiel soll nicht der Spitzenmann
siegen, sondern der ebenbürtige Jedermann.

Ein *Mann* ist die Einheit von Kneipenbruder und
Fachidiot, die *Frau* eine Einheit von Liebeswahn
und gesundem Menschenverstand, ein *Mensch* heute
die Einheit von Geschäftsgeist und Sentimentalität.

Die große Allgemeinheit sagt nie Gemeinplätze,
der freie Einzelne selten etwas Allgemeingültiges.

Normalbetrieb braucht Demokraten, der Notfall
Despoten und der Ernstfall sogar nur Theoretiker.

Demokratie ist kein tödlicher Konkurrenzkampf im
Betrieb, die Fabrik kein Streitkampf im Wirtshaus.

Sozialistisch : lieblose Freundschaft von Kumpeln.
Christlich : unfreundliche Liebe zwischen Feinden.

Jeder menschliche Geist bestreitet hochgemut
die erniedrigende Fleischwerdung aller Menschen.

Der Reiche macht sich höflicher als ein Höfling und
der Arme sein Heim mehr zur Burg als ein Bürger.

Ein Handy macht den *Handyhund* zum Blindenhund

Der Despot muss schon besonders sadistisch sein,
um nicht wohltuend zu wirken, der Demokrat besonders wohltuend, um nicht grausam zu wirken.

Allgemeinheiten sind das Allersublimste,
Einzelne das Allereinfachste von der Welt.

Ein Mann, der ohne Leid den Verstand verliert,
ist stolz auf seinen Bizeps, ein Weib, das ohne Liebe
den Kopf verliert, ist stolz auf seinen Busen.

Demokraten können auf Allerweltsmeinungen verweisen, Despoten müssen überwältigend überreden.

Ein Steckenpferd zu reiten ist so aufreibend, wie
einen störrischen Ackergaul oder Esel anzutreiben.

Ob der Zahn gezogen oder eine Weisheit ins Herz
gerammt wird, dem Dichter oder Denker tut es leid,
wenn es König Kunde zu seinem Besten weh tut.

Er gewinne Einsichten, *sie* behalte die Übersicht.
Er gibt als erstes ganz sein Bestes,
doch jede Erstbeste gibt sich ganz.

Kunst ist gewalttätig, wenn und weil sie kreativ ist,
wie Philosophie und Religion.

Das alte Vorrecht der Frau, zuhause frei zu bleiben,
kommt vor dem Recht, im Betrieb versklavt zu
werden, und *er* muss sich zum Fachidioten machen,
damit *sie* freies Mädchen für alles werden kann.

Offenen Blick in die weite Welt hat sie besser
von zuhause als vom Luxusbüro oder Fließband aus.

Kluge Fachidioten und weise Allerweltsfrauen
halten die Welt gewiss zusammen, dumme Jungen
und Frauenexpert(inn)en spalten sie gewissenhaft.

Schuster, bleib bei deinem Leisten, der dich mehr
versklavt als die Kirche das arme alte Mütterchen.

Religion ist ein Mädchen für alles und jeden, Wissenschaften sind nur viele Knechte der Herrschaften.

Man muss viele Spezialinstrumente erfinden, um ein
einziges altes Allzweckwerkzeug fast zu ersetzen.

Verteidigungskriege werden leichter dem erklärt,
was zu „struktureller Gewalt" erklärt wird.

Nur das wenige Gute von Vor(vor)gestern hilft
heute gegen das viele Schlechte von Gestern.

Das wahre Tabu liegt auf Gefühlskulturen,
nicht mehr auf Sexualpraktiken: Je weniger Gefühle
per Vers, desto perverser die Pornographie.

Nimm richtige Geistesspiel(zeug)e ernst genug,
um dem Ernst des Lebens gerechter werden!

Die Frau ist ein verschlossenes Lustschloss auf zwei
Beinen, kein wandelndes Luftschloss mit Kerkern.
Sie hatte die Hosen an im päpstlichem Maxirock
und trägt nun einen Minirock an jedem Bein.

Die Natur ist die Kunststoffwelt des Schöpfers,
und jedes unserer Kunstprodukte wurde uns
zur zweiten Natur wie zu Seinem Rohmaterial.

Je weniger zärtlich geherzt wird,
desto härter *gebumst*.

Manche erleben nur künftige Erinnerungen
oder ehemalige Zukunftspläne.

Ohne objektiv Metaphysiker zu werden, ist niemand
auch nur ein zweifelhaftes physisches Subjekt.

Autoren wollen das Schreiben beherrschen,
um besser von ihm beherrscht zu werden.

Ein *Rückbau* des AKW schaffte Platz fürs Windrad,
aber ein Rückbau von Konzernen und Autobahnen
Platz für Ackerland eines jeden Selbstversorgers.

Wie kommen auch die „Lauen" mit ihren Frauen
vom Grauen auf himmlische Auen, wenn nicht
durch Schauen statt Hauen, Bauen und Klauen?

Der Arme ist nicht etwa deshalb häuslich, weil er
nicht weltreisen kann, sondern weil er zu arm ist,
um ein Haus zu haben.

Schwerstarbeit ist der ungesunde Sport der Armen,
um nicht zu verhungern, und Sport ist die gesunde
Arbeit der fitten Reichen, um nicht zu verfetten.

Kann man gute Bücher gegen gute Christen
oder zum Lob des *Antichristen* schreiben?

Lust und Neigung ist kein Laster,
dem der Arme frönen kann.

Was uns zu Insekten macht, sind Weltsekten.

Notwendige Übel will ich teilen,
unnötigen Luxus lieber allein.

Armen tut Wasser von außen so gut
wie Reichen der Wein von innen.

„Ohne Köpfen geht das Ding nicht.“ *(Karl Marx)*
Sozialistische Gewalttätigkeit ist für die Untäter
eine größere Wohltat als christliche Mildtätigkeit.

Abscheu scheut Arbeit und ist der häufigste Deck-
mantel von Schüchternheit und Menschenscheu.

Fortschritt heißt, immer neu dasselbe Falsche zu tun,
statt auf Bewährtes zurückzugreifen.

Deine vagsten Träume erfüllen sich,
nicht deine praktischsten Pläne.

Moralische, physische und metaphysische Kraft
brauchen einander.

Wir sind gar keine Revolutionäre, um Reformen zu
verhindern, sondern Weltverformer, die nicht einmal
Reformen reformieren, weil sie nur Revolutionen
von vorgestern konservieren.

Mit obdachlosen Landstreichern zu diskutieren,
ist schwerer, als für Suppenküchen zu spenden.

Wären Universitäten nur so universell wie das
Katholische und so konkret wie Kneipendemokratie!

Gutes zu tun, das Wohltätern nicht guttut, ist gut.

Jede Vernunft muss sich den Stern wählen,
der das All erleuchten und erklären soll.

Moderne „Humanisierung" der Metaphysik ist nur
Metaphysik der Anthropologisierung von allem.

Denken *now* : Metaphysik ihrer Selbstüberwindung.

Philosophie : Vom Schulwissen der Physik über
Skepsis zur metaphysischen Weisheit ihres Welt-
begriffs : Die Erste Ursache wird human als freier
Wille der Einbildungskraft, um moral(ist)isch
zu werden in aphoristischer Kontemplation. Aber
wird der Ewige praktisch im sterblichen Handeln?

Jeder aphoristische Satz ist ein kurzer Hochsprung
in *Kants* Schweben zwischen Unbeantwortbarkeit
und Unausweichlichkeit metaphysischer Fragen.

Der Aphorismus, Metaphysik in metasprachlichen
Metaphern, ist die philosophische Form deiner Zeit,
wo das akademische Fach seinen *linguistic turn*
nur noch sprachanalytisch verzettelt.

Geht im Kinosaal das Licht wieder an,
ist der Geist jedes Besuchers umnachtet.

Ist *er* eine neueste Kanone, die auf Spatzen schießt,
ist *sie* eine bewährte Allzweckwaffe, die ständig
an Fachidioten in Bierbuden vorbeischießt.

Ist menschliche Gesundheit eine
von *Freund Heins* Todkrankheiten?

Erst erinnert der Computer an ein *Elektronengehirn,*
dann das menschliche Hirn an einen Computer.

Auslegung von Gottes Wort ist mehr als Geschichte.

Heute wäre private Selbstversorgung eines jeden
per „three acres and a cow" so *kontraproduktiv,*
dass sie Konzernchefs überflüssig machte.

Transzendentale Bedingungen der Möglichkeit von
Erkenntnis(objekten) hat *transzendente* Bedingungen der Möglichkeit von Subjektivität überhaupt.

Ist jeder Begriff eine Funktion seiner Objekte oder
auch jedes Objekt eine Funktion seiner Begriffe?

Metaphysik = Theologie = Formale Logik?
Hegel : (x = y) ≡ ∨x∨y (y = f(x) & x = f(y)) ?

Eher ist die Sintflut ein vorsintflutliches Märchen
als der Mensch ein nachsintflutliches Untier.

Hegels „absoluter Geist" wird durch *Schlegels*
relative Fragmente oft geistreicher dargestellt.

Man erkennt die Wahrheit nicht, wenn und weil
man nicht weiß, was der Schöpfer weiß.

Ewige Sehnsucht ist die Drogensucht
der klinisch Cleanen.

Religiöses Bedürfnis mag nur Wunschdenken sein,
das den Himmel weder beweist noch widerlegt,
doch wird es nicht friedlich vom Himmel befriedigt,
dann sicher von der Höllenschlacht darunter.

Es gibt die Welt.
„Es", das Heilige, gibt uns die Welt.

Das Alter wird zum Journalismus der Kopf-News
in deinen Kindheitserinnerungen.

Dass Gottvater so übernatürliche Wesen wie uns
Menschenkinder erschaffen hat, wäre natürlicher,
als dass Mutter Natur es allein geschafft hätte.

Hatte ein Virus oder Fisch das Gedicht begonnen,
das der menschliche Poet dann nur vollendete?

Nur als erschöpfend schöpferischer Künstler
ist das aufrecht gehende Geschöpf ein Mensch.

Eher springt ein Menschenaffe morgen zum Mond,
als dass er in Jahrmillionen einen Menschen zeugt.

Jede vollendete Form ist als unförmige Vorform
neuer Formenarten zu nehmen.

Freiheit? Autonomie haben nur Getriebene
ohne Launen.

„Freie Selbstverwirklichung" klingt toll.
Das Ergebnis sind idiotische Monster.

Der Urmensch ist dir nah,
dem Menschenaffen aber fremd.

Dass es in der Welt heute zunehmend unwichtiger
für die Lebensbewältigung ist, ob man biologisch
Mann, Frau oder Zwitter ist, spricht gerade gegen
die heutige Welt, an die es sich besser nicht gehorsam anzupassen gilt. Reife Menschen rebellieren
gegen die Tyrannei des Zeitgeistes.

Wenn dem menschlichen Embryo und Fötus, dem
hilflosesten aller Lebewesen, sogar naturwissenschaftlich schon das Menschsein abgesprochen
wird, ist das eher der Gipfel der Unmenschlichkeit
und ein Verbrechen gegen die Menschlichkeit! Das
aber wird heute mit dem Brustton der zeitgeistge-
deckten Feminismen aus allen Lautsprechern unge-
straft verkündet in durchpornographierten Gesellschaften. Das Elend der Familien und der moderni-
sierten Kindererziehung heutzutage soll Abtreibun-
gen rechtfertigen, statt Familien aus Vätern, Müttern
und Kind(eskind)ern politisch und medial wieder
weit über diverse zeitgeistverhätschelte Lebenspart-
nereien zu stellen?

Religiöse Tieropfer stehen kulturell weit über den
antiken (und den heute wissenschaftlich abgesegne-
ten) Menschenopfern!

Ein menschlicher Fötus ist kein Fisch oder Affe, der
sich im Mutterleib erst noch per Schnellverfahren
zum schützenswerten Menschen weiterentwickeln
muss, oder gar nur ein "kleines Häufchen Himbeer-
gelee" (*Rudolf Augstein*, Exkatholik), das man sich
aufs Butterbrot schmiert. Ein Mensch ist Mensch

natürlich von der befruchteten Eizelle an – alles
andere endet in Barbarei. Es gilt vorrangig, die kin-
dergesegnete Durchschnittsfamilie wieder zu för-
dern auf Kosten der diversen anderen Lebenspartne-
reien, sozialpolitisch wie kulturell.

Es gibt keinen Hochkapitalismus in Hochindustrie-
gesellschaften ohne naturwissenschaftlichen Motor,
der sich permanent aus der moralischen Verantwor-
tung zu stehlen pflegt. Aus Extremfällen wie Kindern aus Vergewaltigungen wird ein allgemeines
Abtreibungsrecht deduziert : Schöne neue Wissenschaft in "Brave New World"! Die "Übervölkerung"
der Erde stammt aus Hochkulturen seit dem feuda-
len Ackerbau und war freie Menschenentscheidung.
Daraus darf allgemeines Massenmordrecht deduziert
werden? Evolutionswissenschaftliche oder sozial-
darwinistische Deduktion des Menschenembryos
klingt wie pure Spekulation (auf ein generalisiertes
Abtreibungsrecht). Es lebe der naturwissenschaft-
licheTotalitarismus!? Es klingt mir alles wie wissenschaftliche Legitimierung einer politischen Legali-
sierung von offenkundigem Unrecht, ja, von Hölle
auf Erden. Auch Barbarei lässt sich durch irgend-
welche Lebenserleichterung und Lebensqualitätsop-
timierung immer rechtfertigen. Aber warum sollen
die moralischen Vernunftprinzipien den modischen
Launen von brutal-hedonistischen *Selbstverwirk-
lichern* oder Dirnen immer nur geschmeidig nach-
geben müssen? Was hat diese irre und unreife Ver-
wilderung mit vernünftig begründbarer Freiheit zu

tun? Es geht ja nicht darum, befreiende Abweichungen von tradierten Rollenkorsetts zu tolerieren, sondern – monotheistisch gesprochen – von "Massenmord", den der gesunde Menschenverstand auch mehrheitlich immer so genannt hat.

Zu sozialdarwinistischen Evolutionsideologien an der postmodernen Selektionsrampe : Der qualitative Riesensprung vom klügsten Affen zum dümmsten Menschen ist auf naturwissenschaftlich natürliche Weise bisher nie erklärt worden. Er ist ein Geheimnis und unlösbares Rätsel – über unleugbare (und oft geradezu witzige) quantitative Ähnlichkeiten mit unseren tierischen Fundamenten hinaus. Nur Menschen können malen statt nur klecksen, musizieren statt nur tirilieren, Gedichte schreiben statt nur blöken, freie Religionen praktizieren statt nur Instinktprogramme abspulen, und philosophieren statt nur fressen oder gefressen werden. Der Mensch ist ganz anders einzigartig als jedes andere einzigartige Geschöpf, das wir kennen, und kann reflektieren auf seine Lage in der Welt, begrifflich denken statt nur handgreiflich fühlen, irgendwie auch ein Fremder aus einer anderen Welt ...

Man stagniert in seiner „naturwissenschaftlichen" Filterblase voll forscher Forschung. Erst stutzt du die Welt auf dein bequem messbares und technisch manipulierbares Maß zu, und dann nennst du objektivere Wahrheit, was du aus den diffusen Atmosphären, Ambivalenzen und Paradoxen des Alls gemacht hast? Gemacht wird heute, was technisch möglich ist, wenn es den Reichen nutzt und die Massen ruhig hält. Restliche Hemmschwellen werden stets solange getestet, bis sie fallen – wenn nicht sofort, dann langsam aber sicher.

Der Mensch scheint der erste und einzige potentiell relativ "Freigelassene des Alls", alles andere läuft nur ewig am Gängelband kausaler Mechanismen oder Instinktreaktionen, soweit wir wissen. Etwas an ihm scheint nicht nur ganz von dieser Welt ... Alles andere ist "solider" wissenschaftlicher Aberglaube und Aberwitz.

Erreichbare Modellvorstellungen durch *trial and error* kommen ohne die Idee von Wahrheit und sachgerechter Richtigkeit nicht aus, wenn sie mehr als Poesie und widerspruchsfrei subjektive Willkür sein wollen. "Richtige Interpretation" der Statistiken, Standardmodelle und Messresultate ist doch mehr als nur selektive Methode und methodische Scheuklappe gegen zufällig Unquantifizierbares, oder wird Solches dann ins nur Subjektive abgeschoben? Es ist zu viel Thema wissenschaftlicher Betrachtung, was dafür gar nicht geeignet ist, weil aus menschlichen Gesamteindrücken zu oft "falsche Observablen" herausgefiltert werden, die am Wesentlichen ganz vorbeigehen. Die Welt wird dadurch zerteilt in "solide" mathematische Modelle und "bloß" subjektive Phantasien, also in schematisch Manipulierbares und chaotisch Unverfügbares (aber dafür eben nur unwissenschaftlich Geschimpftes). Das sind erzsolide Taschenspielertricks, entweder dumm oder unaufrichtig .Schon die kunstreiche und verkünstelte Aufsplitterung der Wirklichkeit in potentiell unendlich viele unendlich kleine Teile, aus denen sie nie bestand, geht an ihr völlig mit Gewalt vorbei. Die Welt besteht ja nicht aus Elementarteilchen oder Superstrings, sondern lässt sich – aus unbekannten Gründen – von Spezialisten auf höchst überkandidelte Weise darin zerfieseln, tendenziell ad infinitum. Milliarden von Normalos leben und lebten, die davon keine Notiz nehmen, nichts ahnen und trotzdem ein erfülltes und wahrhaftiges Leben in einem authentischen Weltbild haben können. In einhundert Jahren wird auch die Physik vermutlich grundlegend andere Standardmodelle benutzen, ganz wie vor und nach Einstein bzw. Heisenberg. Nur darf das mir gleichgültig bleiben. Ich weiß, dass morgens die Sonne nicht "wirklich" aufgeht, aber ich lebe so, als ginge sie jeden Tag auf und dann unter. Nur das *wirkt* auf mich und andere. Man muss die Kosten kennen, die ein naturwissenschaftliches Weltbild im konkreten Leben bedeuten: Solches Naturbild ist auf denkbar unnatürliche Weise nur indirekt intellektuell erschlossen, fernab von den Eindrücken und Empfindungen der Weltmehrheit. Das Bild hängt mit meiner Erfahrungswelt nur zusammen durch versteckte und fast sakrale Instrumentenmessungen von hohenpriesterlichen Spezialisten, denen blind geglaubt werden soll. Absurd! Geködert wird man allein mit den (zweideutigen) technischen Segnungen, die dadurch möglich werden und letztlich doch mehr Probleme schaffen, als sie lösen ... Und den ganzen blutigen Unfug muss jeder Steuerzahler auch noch ungefragt mitbezahlen! Man nehme naturwissenschaftliche Weltbilder und Modelle nur als (grotesk überteuerte) Spielzeuge für Poesie ...

Zur Tiefenpsychologie von Hegels Idealismus

Das Bewusstsein ist bewusstes Sein, weil das Sein unbewusst gewordenes Bewusstsein ist. Aber nicht die Natur hebt Hegel in Geist auf, sondern nur den Geist, soweit er sich selbst zur (zweiten) Natur wurde. Die „Krugsche Feder" ist nicht eo ipso das „Außer-sich-sein des Geistes". Ihr Sein geht erst da auf in das Bewusstsein, das sich von ihr gewinnen lässt, wo sie etwa ein Phallussymbol wird, diese Bedeutung aber aus ihr verdrängt wird und doch hinterrücks — als philosophische Hinterwelt — die Beziehung zu ihr insgeheim systematisch tangiert, verzerrt und verfälscht. Dazu aber muss der Geist vor sich selbst und vor anderen verbergen, *dass* er sich selbst durch Projektion in und hinter jener Schreibfeder verbirgt, die als solche - an sich - natürlich nicht darin aufgeht, Symbol für eine verdrängte phallische Bedeutung zu spielen. Krugs Feder ist nur soweit ins Bewusstsein aufzuheben, wie in ihr etwa eine phallische Bedeutung unbewusst geworden ist, deren Symbolträger sie wurde. Kurz : Was aus dem Bewusstsein verdrängt wird, taucht nicht in magischer Transsubstantiation als Krugs Feder in der Natur auf, sondern in der ganz unbewusst werdenden phallischen Nebenbedeutung dieser Feder, ihrem geheimen Hintersinn. Was Hegel das mit ihrem Begriff identische Wesen dieser

Feder nennt, ein Wesen, das hinter den kontingenten Eigenschaften ihrer materiellen Beschaffenheit verborgen ist, ist ihre Eignung dazu, eine unbewusst gewordene Bedeutung zu repräsentieren. Wenn ich ins Bewusstsein hebe, was verdrängt und damit unbewusst wurde, *dass* nämlich diese Feder „im Grunde" als Phallus behandelt wird, dann habe ich die Feder genau so weit aus dem Bewusstsein abgeleitet, wie sie eben auf Bewusstsein zurückführbar ist. Das Ich erkennt sich im Nicht-Ich wieder, soweit und nur soweit das Nicht-Ich das aus dem Ich verdrängte Ich ist.

Das Wesen des Verdrängten besteht für Hegel nicht in dem, *was* da verdrängt wurde, sondern *dass* es verdrängt wurde, auf dass es ins Bewusstsein zurückgeholt werde − und nur deshalb wird wichtig, *was* verdrängt wurde. Hegel ontologisiert nicht das Verdrängte und Desymbolisierte zum „Unbewussten" und damit zu einem Sein sui generis.

Das Sein ist auf das Bewusstsein nur soweit zurückzuführen, wie das Sein unbewusst gewordenes Bewusstsein ist. Wo Es war, soll Ich werden − soweit das Es eben unbewusst gewordenes Ich ist, nicht jenes Unbewusste, das sich in den Tiefen der somatischen Physiologie verliert und allerdings nicht restlos reduzierbar ist auf das, was davon ephemer ins Bewusstsein dringt.

Der Nervenpunkt von Marxens Hegelkritik wird schon hinfällig, wenn der Gegenstand des Bewusstseins bei Hegel in demselben Sinne nichts als eine Selbstvergegenständlichung des Bewusstseins ist, wie bei Freud das Verdrängte eine Selbstentfremdung des Ich ist unter dem Druck des Über-Ich. Auch bei Freud wird ja die verdrängte inzestuöse (oder patrizidale) Regung nicht dadurch bewusst gemacht, dass das Bezugsobjekt dieser Regung auf das Ich nur zurückgeführt, in den Narzissmus des Ich absorbiert und oralkannibalisch verschlungen wird. Wenn das Es dem Ich zugeführt wird, ist nicht die Außenwelt zum narzisstischen Spiegel des Ich herabgesetzt, sondern die magische Projektion des Ich auf die Welt ins Ich zurückgenommen und die Gefahr einer Verwechslung des Ich mit dem Nicht-Ich vermindert. Hegel hebt ins Bewusstsein nicht die natürliche Regung auf, sondern nur ihre Verdrängung. Das ist keine Unterwerfung des Ich samt Es unter das Über-Ich, keine Zustimmung des Ich zum Verdikt des Über-Ichs, sondern die Stärkung des Ichs gegen Es *und* Über-Ich. Der Geist triumphiert bei Hegel über die Natur nicht wie bei Freud das Über-Ich über das Es und das Ich.

Adorno wirft der Psychoanalyse vor, metapsychologisch gesprochen, das Ich zusammen mit dem Über-Ich gegen das Es aufzuhetzen. Diese Unterscheidung zwischen Ich und Über-Ich sei dubios, wenn beide sich doch einig seien in der Unterdrückung des Es, beim Über-Ich kraft autoritären Verbots, beim Ich eben kraft resignierender Einsicht in die versagende Realität. Stellen wir die Diskussion dieser Kritik an Freud noch einmal zurück. Hegel jedenfalls erfüllt genau jene Forderung Adornos, die Macht des Subjekts über die Welt aller Objekte durch das Subjekt selbst zu brechen, bricht er doch die Macht der Objekte über das Subjekt nur soweit, wie das Subjekt in den Objekten sich selbst im Wege steht. Indem das ichfremde Objekt, welches das Subjekt sich selbst wird, in das Subjekt zurückgeholt wird, ist dem Objekt, das mehr ist als die Selbstentfremdung des Subjekts, der Vorrang vor dem Subjekt allererst voll zurückgegeben.

Jacques *Derrida* hatte in „Glas" („Totengeläut", Paris 1975) gezeigt, dass die dialektische Triade bei Hegel abläuft als folgender Kreis aller Kreise:

These	Objekt	Frau	Mutter
Antithese	Subjekt	Mann	Sohn
Synthese	Einheit	Kind	Mutter
	Triade	Triade	Dyade

Hermann Schmitz unterschied in der *dreiphasigen* Trinität das *zwei-* und *das dreipolige* Dialektik-Konzept in „Hegels Logik" (Bonn 1992). Darin verbirgt sich unerkannt die Dialektik von Mutter Natur und Menschenkind *mit oder ohne* den vermittelnden väterlichen Dritten in ihrem Bunde.

Die Kopula jedes Urteils zielt ab auf sexuelle Kopulation von Mann und Frau, von Denken und Sein, von Begriff und Realität, von grammatischem, objektivem Prädikat (erkenntnistheoretisches Subjekt) und grammatischem Subjekt (erkenntnistheoretisches Objekt), von Form und Inhalt, von Geist und Natur. Im gezeugten Kind, ihrer Synthesis, seien Subjekt und Objekt auf jene berühmte dreifache Weise „aufgehoben", und diese synthetische Vereinigung der Gatten, die Frucht ihrer Liebe, sei dann wieder Thesis und Ausgangspunkt weiterer Generationenfolgen. Aus dem „Enzyklopädie"-Kapitel über die Dialektik der Sexualität schließt Derrida auf die unterschwellige Sexualität von Hegels Dialektik überhaupt, die auch darin ihren latent erotischen Ausdruck finde, dass die Antithese (Sohn) aus der Grundthese (Mutter) hervorgehe, um sich in der kopulativen Synthese wieder mit der Mutter (in seiner Gattin) zu vereinigen. Der begreifende Sohn trenne sich von der Frau, dem mütterlichen Schoß des Seins und der Substantialität nur, um sich am Ende – in der absoluten Idee – wieder mit ihr zu verbinden. Das maternale Sein sei Ursprung und Ziel dieser Erhebung des Bewusstseins aus dem Sein und über das Sein, und im männlichen Begriff erkenne das weibliche Sein sich selbst, komme es zu sich selbst wie der männliche Begriff im Schoß des Seins, dem er phylo- und ontogenetisch sich entrang. Der Begriff entstehe bei Hegel aus dem Sein allerdings durch das „Phantasma jungfräulicher Geburt": der Sohn will sich keinem Vater verdanken

– um ungestört der Mutter beiliegen zu können. Hegels „absolute Idee" sei Vereinigung von Subjekt und Substanz, von Geist und Natur, von Sohn und Mutter in Abwesenheit eines Vaters, der ebenso sein eigener Sohn wie dieser je bei der Geburt schon sein eigener Vater sei.

Das unerschöpfliche Sein hält es nicht bei sich aus, wirft Söhne aus sich heraus, die es ins Leben und in die Unabhängigkeit nur entlässt, um sich am Ende wieder mit ihnen zu vereinigen, sie in sich zurückzunehmen und zurückzuschlingen. Am maternalen Sein, an „Mutter Erde", gehen ihre Erdensöhne schließlich wieder „zum Grunde", von Mutter Natur wieder absorbiert in die pränatale Ureinheit, die im Tod der Erdensöhne oder im orgastischen Vergehen vor inzestuöser Lust erreicht ist. Die „Versöhnung" von Begriff und Realität in der *absoluten Idee* ist wörtlich zu verstehen : Vereinigung des Sohnes mit der Mutter, als Buße gleichsam für seine Trennung, die allein ihn Autonomie, Selbständigkeit und Unabhängigkeit finden lässt, allerdings als *ihr* potenter Phallus. Mutter und Kind differenzieren sich langsam aus der primär-narzisstischen Ursymbiose heraus. Diese Ausdifferenzierung verschärft sich zu ernster Differenz, da das Kind seine Selbst-Identität nur durch entwöhnende Trennung von der Mutter hindurch erreichen kann, durch Negation der Personalunion mit seiner Mutter, die selbst ein Interesse an der relativen Selbständigkeit ihres sich ablösenden Kindes haben muss, denn nur ein freier, starker phallischer Sohn kann ihren Penisneid befriedigen. Aber diese Ablösung des Begriffs vom Sein hat nur den Sinn und Zweck, den Begriff frei und autonom genug zu machen, dieses maternale Sein, von dem er sich freiarbeitet, nun zu „erkennen", d. h. sich diesem zu erkennenden Sein anzugleichen, um Wahrheit des Urteils übers Sein zu gewinnen, Wahrheit über die Ur-teilung von Mutter und Kind, Sein und Denken, Natur und Geist etc. Diese Wahrheit ist ihre Identität.

Der dialektische Widerspruch zwischen Mutter Natur und Erdensohn, ihre genitale Differenz und ihr Generationskonflikt als Kampf der Geschlechter, steht dann im Dienst ihrer inzestuösen Wiedervereinigung, und auch die Mutter muss ihren Penis frei in die Welt entlassen, um ihn zurückzubekommen in Gestalt eines Sohnes, der es im rauen Leben zu etwas gebracht hat, nämlich dazu, als großer und starker Penis ihr Penis zu sein, der alle ihre Kränkungen am enttäuschenden Gatten rächen wird.

Im Grunde paraphrasiert Hegel nach Derrida die Binsenweisheit, dass wir dorthin zurückkehren, woher wir kommen : in den Schoß der Mutter Erde. Das Sein entäußert sich im und als Begriff, die Mutter in ihrem Sohn, um sich selbst im Sohn als ihren Phallus zu erkennen, und der Begriff wagt den Tod, die Trennung vom heimischen Herd und von Erdenmutters Rockzipfel, um sich selbst schließlich im Schoß des Seins zu realisieren.

Die „Phänomenologie des Geistes" ist dann die Geschichte der psychosexuellen Entwicklungen und Erfahrungen des Sohnes mit seiner Mutter, und die „Wissenschaft der Logik" die Darstellung nicht der Gedanken Gottvaters vor der Schöpfung, sondern der mütterlichen Phantasien, noch bevor sie ihr Kind in die Welt gesetzt hat. Sinn, Ziel, Zweck, Ende und Vollendung der (Lebens-)Geschichte ist stets die reale (Wieder-) Herstellung und geistige Rekonstruktion der frühen Mutter-Kind-Dyade auf der Ebene erwachsener Weltläufigkeit. Der Ursprung ist zwar das Ziel und das Ziel der Ursprung der realen *und* begriffenen Bewegung, aber dieser Ursprung, sofern von ihm ausgegangen wird, ist ein anderer als jener Ursprung, in den alle Bewegung als ihr Ziel einmündet. Nur durch die Geschichte hindurch ist der urmütterliche Ursprung erst *als* Ursprung entwickelt und begriffen und erobert. Wenn der Mensch in jenen Schoß der Erde zurückkehrt, aus dem er stammt, ist – in der Einheit der begriffenen Realität und des realisierten Begriffs – der Mensch in und an seinem Ursprung und Ziel (und die Erde durch ihn hindurch als Erde) zu sich selbst gekommen. Der Sohn wird durch Lösung von der Mutter und durch Wiedervereinigung mit der Mutter erst Sohn, die Mutter durch ihren phallischen Sohn erst Frau; sie „erkennt" sich selbst in einem Sohn, der sich realisiert in ihr, aus der er immer wieder kommt und in die er immer wieder eingeht. Diese „Synthesis" ist deshalb mehr als die Thesis, weil die Rückkehr in die Mutter-Kind-Einheit am Ende des Lebens diese Ausdifferenzierung von Mutter und Kind aus der Urmonade voraussetzt. Synthesis ist dann Einheit von Mutter und Kind, nicht eine Einheit noch *vor* der Bildung einer Mutter und eines Kindes : Einheit einer Mannigfaltigkeit und keine Einheit *vor* aller Vielfalt, deren Einheit sie ist. Das Problem der Kompatibilität von Einheit und Vielheit hatte schon die Vorsokratiker beschäftigt, und bekanntlich hat Hegel der Lösung Heraklits, der die Einheit als Einheit hochentwickelter Gegensätze verstand, den Vorzug gegeben vor der des Parmenides, der das Eine als dumpfe Einheit vor und unterhalb aller weltlich-geschichtlichen Mannigfaltigkeit ansetzte.

Die Differenz im Hegelverständnis von Adorno und Derrida ist gerade im Lichte unseres Interpretationsansatzes gut auszumachen. Nach *Derrida* ist die dialektische Thesis das Sein der Mutter, genauer, der „primär-narzisstischen" Mutter-Kind-Monade, fast in pränatalem Dämmerzustand, das Sein der Mutter noch als identisch mit ihrer Idee von einem Sohn, der noch nicht geboren ist. Die Antithesis wäre dann Geburt und Trennungsversuch des zunehmend selbstbewussteren Sohnes aus der Umklammerung durch diese verstrickende Symbiose. Nach *Adornos* Verständnis ist mit der Thesis eher das Sein des Vaters gesetzt, des Vaters im Sohn : das Über-Ich im Bunde mit dem repressiven Realitätsprinzip. Antithetisch negiert der rebellische Sohn die Macht des Bestehenden, in dem sich nicht wie bei Derrida die archaische Mutterimago, sondern Landesvater Big Brother inkarniert hat.

Wir verstehen jetzt, warum Adorno alle Dialektik bei der Antithesis und Negation enden lassen will, da nach seinem Hegelverständnis die Synthesis eine Identifikation mit dem unterdrückenden Vater im Himmel, nicht wie bei Derrida eine (auch von Th. *Wiesengrund* philosophisch intendierte) inzestuöse Vereinigung des Erdensohnes mit Mutter Erde bedeuten würde.

Hegels Thesis wird von *Derrida* verstanden als prä-ödipale Mutter-Kind-Einheit, von *Adorno* als Über-Ich und von uns als ödipale Besetzung der geliebten Mutter und des gehassten Vaters. Hegels Antithesis wird von *Derrida* aufgefasst als Ich-Identität des sich von der Mutter befreienden Sohnes, von *Adorno* als der vom Überich unterdrückte und dagegen potentiell rebellierende ödipale Sohn, von uns als Verdrängung der ödipalen Regung unter der väterlichen Kastrationsdrohung. Hegels Synthesis wird von *Derrida* ergriffen als prägenitale oder inzestuöse Wiedervereinigung des Sohnes, der sich aus der prä-ödipalen Mutterbindung befreit hat, mit der geliebten Mutter, und wird von *Adorno* verweigert, weil eine Synthesis die Thesis und damit die Gewalt der paternalen Realität eigens legitimieren würde, weil Negation der Negation doppelte Bejahung des Vaters durch den gebrochenen Widerstand des Sohnes hindurch bedeuten würde. – Und wir selbst verstehen Hegels Synthesis schlicht als therapeutische Aufhebung des Widerstandes gegen die Rückkehr des Verdrängten ins Bewusstsein, als eine

Resymbolisierung der sprachlich exkommunizierten
Naturregung, als heilendes Eingedenken des unter
dem Bann Vergessenen.

Marx fürchtete, bei Hegel werde nicht nur die Verdrängung aufgehoben, sondern auch das Objekt
selbst, dessen Besetzung verdrängt sei. Diese Be-
fürchtung ist nicht völlig grundlos. Wenn der Psy-
choanalytiker die Verdrängung aufhebt, gibt er die
verdrängte Regung nicht zum Ausagieren frei, sondern will helfen beim realitätsgerechten Verzicht
des Analysanden auf Inzest und Patrizid. Nach Hegel und Freud sollen die reale Mutter und der reale
Vater nicht *aufgehoben,* sondern die auf sie bezüg-
lichen Wünsche aufgegeben werden. Das aber gerade fürchtet Adorno mit Marx gegen Hegel (und
Freud). Das post-ödipale Ich-Ideal bei Freud ähnelt
durchaus dem, was bei Hegel als geschichtlicher
Endzustand angeboten wird. Aufgerufen wird zum
Verzicht des Sohnes auf den Besitz der realen Mutter Natur, die an den Vater vergeben ist.

Die Verdrängung aufheben, heißt auch schon, das
Objekt aufzugeben, dessen Besetzung da verdrängt
worden war, und dann sich bescheiden mit der durch
keinen Ödipuskomplex mehr belasteten Aneignung
der übrigen realen Welt. Da entdeckte Marx, dass
die übrige Welt nicht weniger an Herren vergeben
ist für den Sohn wie die Mutter an den Vater. Der
Sohn sieht die verbotene Mutter nicht nur in die
Welt hinein, diese Welt ist wirklich nach dem Bilde

der tabuierten Mutter konstruiert. In diesem Falle impliziert der Verzicht der Kinder auf den Besitz der realen, fürsorglich guten Mutter den Verzicht auf die Aneignung aller weltlichen Güter.

Freud argumentierte, die ganze Welt außer der eigenen Mutter sei für den Sohn dann zur Auswahl freigegeben, sobald er aufhöre, in der Welt die tabuierte eigene Mutter zu fürchten. Marx entdeckte, dass auch und gerade die ganze Welt außer der eigenen Mutter für den Sohn tabu ist. Der Genuss von Frau Welt ist – wie die eigene Mutter dem Vater – den Herren der Welt vorbehalten. Bekanntlich empfahl Marx, gegen die Kapitalisten real so vorzugehen, wie der Sohn gegen seinen Vater im Kampf um die Mutter vorzugehen sich träumt. Aber gerade der Ödipuskomplex ist es ja, der die Erdensöhne auch und gerade dann daran hindert, sich ihren Teil vom großen Mutterkuchen zu nehmen, wenn die Beseitigung der Vaterfiguren real möglich ist, wie Freud zu bedenken gab.

	Derrida	*Adorno*	*Hegel*
These	Sein (Mutter)	Begriff (Vater)	Es
Antithese	Begriff (Sohn)	Sein (Sohn)	Überich
Synthese	Ursymbiose	-------------	Ich

Philosophische Grundbibliothek

Chuang-tsi: „Das wahre Buch vom südlichen Blütenland"

L. Annaeus Seneca : „Briefe an Lucilius"

Michel de Montaigne : „Essais"

Imm. Kant : „Grundlegung zur Metaphysik der Sitten"

S. Maimon : „Versuch einer neuen Logik … " (1794)

G. Fr. Hegel : „Phänomenologie des Geistes" / „Ästhetik"

Arthur Schopenhauer : „Aphorismen zur Lebensweisheit"

Friedrich Nietzsche : „Menschliches, Allzumenschliches"

Nicolai Hartmann : „Das Problem des geistigen Seins"

Hedwig Conrad-Martius : „Der Selbstaufbau der Natur"

Th. Adorno : „Minima moralia" / „Ästhetische Theorie"

Jean-Paul Sartre : „Der Idiot der Familie"

Hermann Schmitz : „Der unerschöpfliche Gegenstand" /
„Der Weg der europäischen Philosophie"

I.M. Bochenski / A. Menne : „Grundriss der Logistik"

Hans Blumenberg : „Wirklichkeiten, in denen wir leben",
„Die Vollzähligkeit der Sterne"

Übersicht zum Gesamtwerk

Zwischen **Unterschicht**-Herkunft („Herren tut es leid, Knechten tut es weh") und religiösem **Himmelhoch** („Der Ewige und sein Urprojekt", „Neuer Cherubinischer Wandersmann") hier die drei Säulen eines lebenslangen Schreibprojekts:

1. *Tiefenpsychologie der Philosophie* („Wenn die Seele auf den Geist geht", „Heideggers philosophischer Eros")

2. *Satiren* (Essay- und Aphorismenbände)

3. *Idyllen* („Aufsätze zur logischen Form", „Zur Dialektik und Phänomenologie der Natur- und Kulturidyllen" und „Glückliche Idyllen kontemplativen Lebens im Elfenbeinturm")

Sekundärliteratur zum Aphorismus

Gerhard Neumann (Hg.): „Der Aphorismus.
Zur Geschichte, zu den Formen und Möglichkeiten
einer literarischen Gattung", Darmstadt 1976

„Ideenparadiese. Untersuchungen zur Aphoristik
von Lichtenberg, Novalis, Friedrich Schlegel und
Goethe", München 1976

Peter Krupka: „Der polnische Aphorismus",
München 1976

Hans Peter Balmer; „Philosophie der menschlichen
Dinge. Die europäische Moralistik", Bern 1981

Harald Fricke: „Aphorismus", Stuttgart 1984

Gisela Febel: „Aphoristik in Deutschland und
Frankreich", Frankfurt/Main 1985

Klaus von Welser: "Die Sprache des Aphorismus",
Frankfurt/M. 1986

Heinz Krüger: „Über den Aphorismus
als philosophische Form", Frankfurt/M. 1988

Werner Helmich: „Der moderne französische
Aphorismus", Tübingen 1991

Stefan Fedler: „Der Aphorismus. Begriffsspiel
zwischen Philosophie und Poesie", Stuttgart 1992

Paul Geyer / Roland Hagenbüchle: „Das Paradox",
Tübingen 1992, Würzburg 2002²

Thomas Stölzel: „Rohe und polierte Gedanken.
Studien zur Wirkungsweise aphoristischer Texte",
Freiburg 1998

Lada Lubimova: „Struktur und Funktion des Aphorismus : eine textlinguistische Studie", Bremen 1998

Robert Zimmer: „Die europäischen Moralisten",
Hamburg 1999

Michael Esders: „Begriffs-Gesten. Philosophie als
Kurze Prosa von Friedrich Schlegel bis Adorno",
Frankfurt/Main 2000

Rüdiger Zymner: „Aphorismus", In: Kleine literari-
sche Formen in Einzeldarstellungen, Stuttgart 2002

Friedemann Spicker: „Kurze Geschichte
des deutschen Aphorismus", Tübingen 2007

„Die Welt ist voller Sprüche. Große Aphoristiker im
Porträt", Bochum 2010

Rolf Friedrich Schuett : „Aphorismus − Philosophischer Gehalt in literarischer Gestalt", 2019